基礎から学ぶ会社法

―― 80のステップで学ぶ会社のしくみ ――

河合 正二 著

晃 洋 書 房

はじめに

「会社法は難しい」という話をよく聞きます．これは，私が教鞭をとっている大学の学生だけではなく，司法試験や司法書士試験といった会社法を試験科目としている資格試験にチャレンジしている人からも聞かれる声です．

確かに，会社法は1000条近くに及ぶ膨大な条文によって構成され，その範囲と内容は広汎なものです．また日常使用されている用語と同一でありながら，会社法上は全く違う意味で使用されているもの（たとえば公開会社）や，よく似た意味・言葉でありながら微妙に異なる制度（たとえば株式と新株予約権）も多々あり，複雑な点もあります．しかも，憲法や民法と違って，イメージがつかみにくく，わかりづらいという面もあります．

そこで本書は，会社法を初めて学習する人，会社法の基本書を読んでもよくわからなかったという人，会社法の学習をする意欲はあるが，会社法の基本書は読む気にならないという人，そういった人たちを対象に，とにかく「わかりやすく」をコンセプトに，会社法を短期間でスムーズに理解してもらえるよう執筆しました．そのために本書にどのような工夫をほどこしたのかということに関しては，次頁の「本書の特徴」に記載してあります．

また本書は，大学生が初めて会社法を学習するにあたっての入門書という位置づけだけではありません．私が長年，民間企業に勤めていたこともあり，企業が経営・事業を行っていくうえで，押さえておかなければならない会社法上の必要かつ重要な内容は，全て本書に盛り込んであります．ついては各企業において，業務上会社法の知識を身に付ける必要がある方にも，最適な基本書としてご利用いただけると確信しています．

本書を読んでその内容が理解できれば，会社法の全体像及び重要部分は間違いなく理解できたことになります．各種資格試験用の専門テキスト，大学の講義で使用する基本書，実務で使用する解説書を読みこなすための最初の入門書として，本書を利用いただければ幸いです．

最後に浅学菲才な私に本書執筆の機会を与えてくださり，その後も大変なご尽力をいただいた晃洋書房の丸井清泰氏には，この紙上を借り，深く感謝の意を申しあげます．

　2016年9月

河 合 正 二

本書の特徴

　本書は，会社法を初めて学習する人，以前に会社法の基本書を読んだがよくわからなかったという人，会社法の学習をする意欲はあるが，会社法の基本書を読む気にはなれないという人，そういった人達を対象に，とにかく「わかりやすく」をコンセプトにして，会社法を短期間でスムーズに理解してもらえるよう執筆しました．そのために具体的には，以下の4つの特徴があります．

1．平易な文章

　わかりやすく，読みやすい文章にすることに徹底的にこだわりました．そこで，条文にでてくる文言や他の基本書に出てくる難解な用語は，できるだけ日常一般的に使われている言葉にかみ砕いて記述しました．

2．各種の制度ごとに豊富な具体例と詳細な理由づけ

　会社法上の様々な重要な制度は，具体的な事例を盛り込んで解説するとともに，それらの制度がなぜ設けられているのか，その制度趣旨と理由づけに，徹底的にこだわりました．また，会社法においては，よく似ているが微妙に異なる類似の制度が多々存在します．それらを対比しながら，共通点と相違点を明確にしてあります．

3．理解促進のための独自のレイアウト

1） 各項目を理解するうえで根幹となる重要なキーワードを冒頭に掲げ，読者が各項目の内容にスムーズに入れるようにしてあります．

2） 各項目の末尾に，重要ポイントを箇条書きまたは図示して，再確認できるようにしてあります．

3） 条文の羅列は避け，体系的な配列にこだわらず，記述を最も適切と思われる位置に配置してあります．

4） 読者が今読んでいる項目や制度と関連する，あるいはより詳細な内容が他のどの部分に記述されているかが，一目でわかるようにしてあります．したがって本書のどの部分から読み始めても，段階的に全体を

理解することができます.
4．実務を行ううえでの基本書として活用
　学問的にはそれなりに詳細な記述が必要な項目でも，実務上重要でない部分は，大胆にカットしました．したがって企業における法務・総務・経理・企画等，会社法の知識が不可欠となる部門の方にも最適な基本書としてご利用いただけます．

　また，本書では以下の書籍を主に参考にしています．

> 神余博史『国家試験受験のためのよくわかる会社法』第5版，自由国民社，2014年．
>
> 丸山和秀『面白いほど理解できる商法・会社法』第2版，早稲田経営出版，2015年．
>
> 永井和之『よくわかる会社法』第3版，ミネルヴァ書房，2015年．
>
> 高橋栄治『入門会社法』中央経済社，2015年．
>
> 東京商工会議所『ビジネス実務法務検定試験　公式テキスト』2015年度版，中央経済社，2015年
>
> 神田将『図解による会社法・商法のしくみ改訂3版』，自由国民社，2010年．

目　　次

はじめに
本書の特徴

株式会社のしくみ

01　会　　社　(2)
02　会社の種類　その１　(5)
03　会社の種類　その２　(9)
04　株式会社の根本的特質　(12)
05　所有と経営の分離　(15)
06　株式譲渡自由の原則　(18)
07　株主平等の原則　(21)
08　株式会社における会社の分類　(23)

設　　立

09　会社設立の全体像　(28)
10　会社設立の方法　(31)
11　定款の記載事項　(33)
12　設立手続　(36)
13　変態設立事項　その１　(42)
14　変態設立事項　その２　(46)

機関総論

15　機関の全体像　(50)
16　５つの機関の役割と位置づけ　(53)

株主総会

17　役　割　(56)
18　決議事項　(58)
19　株主の議決権　その1　(60)
20　株主の議決権　その2　代理公使　(63)
21　決議方法　(66)
22　招　集　(68)

取締役会

23　役　割　(72)
24　決議事項　(74)
25　議決権と決議方法　(79)

取締役

26　意　義　(86)
27　資格・員数・任期　(88)
28　取締役の権限濫用を防止するための規定　(91)
29　取締役の一般的義務　(94)
30　取締役の特別の義務　その1　利益相反取引規制　(96)
31　取締役の特別の義務　その2　競業取引規制　(102)
32　取締役の責任　その1　(105)
33　取締役の責任　その2　(108)
34　取締役の責任　その3　具体的法令違反　(110)
35　責任を負う取締役の範囲　(114)
36　責任追及の方法　株主代表訴訟　(116)

代表取締役

- 37 意義，選定と解職，会社との関係 (120)
- 38 権限 (122)
- 39 表見代表取締役 その1 (125)
- 40 表見代表取締役 その2 (128)

監査役・監査役会

- 41 監査機関 総論 (132)
- 42 監査役 総論 (134)
- 43 監査役の権限と義務 (136)
- 44 監査役の職務 その1 (138)
- 45 監査役の職務 その2 (141)
- 46 資格・員数・任期 (144)
- 47 監査役の独立性を確保するための規定 (146)
- 48 監査役会 (152)

その他の機関

- 49 会計監査人 その1 意義，会社との関係，監査役の監査との関係 (156)
- 50 会計監査人 その2 選任，解任，員数，任期 (159)
- 51 会計参与 (162)
- 52 指名委員会等設置会社 その1 総論 (165)
- 53 指名委員会等設置会社 その2 取締役・取締役会 (168)
- 54 指名委員会等設置会社 その3 3つの委員会と執行役 (170)
- 55 監査等委員会設置会社 その1 (173)
- 56 監査等委員会設置会社 その2 (175)

各種の機関設計

57　機関設計の自由化にあたっての会社法上のルール　(180)
58　各種の機関設計　(183)

株　式

59　株主の権利と義務　(190)
60　株主の監督是正権　(193)
61　種類株式　(198)
62　株式全部の内容について特別の定めのある株式　(204)
63　株式譲渡自由の例外　その１　定款による譲渡制限　(207)
64　株式譲渡自由の例外　その２　法律による制限　(210)
65　単元株制度　(213)
66　株券　その１　株券発行会社の株券不所持制度　(216)
67　株券　その２　効力　(218)
68　株主名簿　その１　総論　(221)
69　株主名簿　その２　名義書換の効力　(223)
70　株主名簿　その３　基準日　(225)

資金調達

71　調達方法　総論　(230)
72　募集株式の発行　その１　発行方法　(233)
73　募集株式の発行　その２　募集手続・申込・割当・引受・出資の履行　(236)
74　新株予約権　(241)
75　社債　(244)

企業（事業）再編

- 76 企業（事業）再編 総論 (248)
- 77 合　　　併 (250)
- 78 会 社 分 割 (253)
- 79 株式交換・株式移転 (256)
- 80 事 業 譲 渡 (259)

株式会社のしくみ

01 会　　社
会社とは，営利を目的とした社団法人

（1）意　　義

　会社とは，「営利を目的とした社団法人」というように定義づけられています．ポイントは，「営利性」，「社団性」，「法人性」の3つです．この3つの意味と内容をみていきます．

（2）営　利　性

　「営利」とは，一般的には，事業を行って利益を得るという意味で使われます．ところが，会社法上は，これだけでは営利性があるとは言えません．「営利」とは，①**対外的な事業活動によって利益を得る**，それに加えて，②**その得た利益を内部的に社員に分配する**，ということです．したがって，対外的な事業活動によって利益を得たとしても，それを社員に分配しなければ，その団体は「営利性がある」とはいえず，会社とは言えません．

　もう1つ注意すべきことは，「社員」と言うと，一般的には，従業員・会社員あるいはサラリーマンを指しますが，**会社法上は，「その会社に出資している人，すなわち出資者」のことを「社員」**と言います．株式会社であれば，その会社に出資している人とは「株主」です．すなわち，会社は，対外的な事業活動によって得た利益（剰余金）を，出資者である社員（株式会社の場合，株主）に分配することを目的とした社団法人，ということになります．なお従業員・会社員と一般的に呼ばれている人は，法律上は，会社と雇用契約を結んだ「使用人」と呼ばれています．

（3）社 団 性

　「社団」とは，人の集まり（集合体）です．会社は，多数の人によって構成された団体です．そして「人」とは，ここでも**従業員ではなく**，「**社員**」すなわち**出資者**です．そうなると，複数の人が出資しなければ会社ではない，ということになるのでしょうか．ところが現実的には，1人の人が出資している会社がよくあります．(4)で説明しますが，出資する「人」とは，生身の人間（民法上は「自然人」と呼ばれています）だけではなく，会社等の法人も含まれます．たとえば，X株式会社1社だけが全額出資をしてY株式会社を設立する（この場合，X社がY社が発行する全ての株式を引き受けるということになります）といったケースはいくらでもあります．このような場合は，出資者がX社1社であるため，Y株式会社は，「社団性」に反するのではないか，という疑問がでてきます．ところがこの場合も，「社団性」には反しないとされています．なぜならば，今は出資者は1人であっても，後々出資者が増える可能性があるからです．前述の例で言えば，X社は自己が有しているY社の株式の一部を他社に売ることだって考えられます（株式の売買を会社法上は，「株式の譲渡」と呼んでいます）．このようなことを想定して，出資者が現在は1人（1社）であっても，潜在的には複数になることが考えられるため，社団性は認められるということになります．

（4）法 人 性

　「法人」とは，**自然人**（生身の人間）**以外で，権利を得たり，義務を負ったりする地位を有する人**です．権利を得たり，義務を負ったりする地位のことを「**権利義務の帰属主体**」と言います．そして，この権利義務の帰属主体となる地位のことを「**法人格**」と呼んでいます．
　なぜ会社に法人格が必要かというと，取引関係が錯綜することを防ぐためです．もし会社に法人格が認められないとすると，X社のAという人に商品を売った人Yは，その代金の支払いをAに請求しなければならず，次にYが同

じ X 社の B から商品を買った場合は，Y は B に代金を支払わなければならないということになります．これでは取引は大混乱に陥ります．そこで X 社に法人格を認めることによって，X 社の誰と実際の取引を行ったとしても，一括して X 社に対して代金の支払いを請求したり，代金を支払ったりすることができるようになります．このように団体である会社に法人格を与えることによって，取引の安全を図っているのです．

POINT

社員＝従業員ではない
　　社員とは出資者

会社 ── 営利性（利益を得る＋社員に分配）
　　　── 社団性（人の集まり）
　　　── 法人性（権利義務の帰属主体）

---

02 会社の種類　その1
日本の会社は，社員の責任と地位から4種類に分類される

（1）会社の種類

　会社法で認められている**日本の会社**は，**4種類**あります．すなわち，**株式会社・合名会社・合資会社・合同会社**です．有限会社は，会社法（平成17年に商法から分離独立した）において，平成17年以降は設立することはできなくなりました（その理由については，No. 15 参照）．
　この4つの種類の会社は，どのように区別・分類されるのでしょうか．**最も重要な区別・分類**としては，① それぞれの会社の社員（出資者）が会社債権者に対してどのような責任を負うのかということ，そして，② それぞれの会社の社員が会社に対してどのような地位を有しているのか，という2点です．すなわち日本の会社は，**社員の責任と社員の地位**によって区別・分類することができます．この項では，まず社員の責任についてみていきます．
　なお，会社債権者とは，会社に商品を売ってその代金を会社に請求したり，会社に金銭を貸し付けて，その貸金の返還を請求できる，いわゆる会社に対して金銭債権を有している人（自然人だけではなく法人も含まれる）です．

（2）社員の責任による区別・分類

　それぞれの会社の社員（出資者）が，会社債権者に対してどのような責任を負っているのかということは，会社が会社債権者に対して負っている債務を，社員がどのようにして，どこまで負担するのかということです．いわゆる社員の責任の態様です．社員の責任の態様としては，2つに区別できます．まず会社債権者に対して，直接責任を負うのかどうかという視点で，「**直接責任**」と「**間接責任**」という区別です．もう1つは，会社債権者に対してどこまでの範

囲で会社の債務を負担するのかという視点で，「無限責任」と「有限責任」という区別です．この4つの組み合わせによって，それぞれの会社の社員は，「直接無限責任」，「直接有限責任」，「間接有限責任」という3つの責任の態様がでてきます．ちなみに「間接無限責任」という責任はありません．

（3）それぞれの会社の社員の責任

① 株式会社

株式会社の社員，すなわち株主は，**間接有限責任**しか負っていません．これは，1）会社債権者に対しては，直接責任を負わない．2）会社が発行した（売った）株式を引き受けた（買った），その引受価額（買った株式の支払代金）を限度とする責任を負う，すなわち自分が買った会社の株式の代金だけを会社に支払えばよい，というものです．これを，「出資の限度でのみ責任を負う」と表現します．したがって，会社に自分が引き受けた株式の代金を支払った後は，会社債権者から「会社に代って，会社の債務を支払え」と請求されても拒否することができます．

なぜ株式会社の社員（株主）は，こんなに軽い責任しか負わないのか，それは，株式会社の場合，多くの人に出資をして（株式を買って）もらいたいからです．多くの人に出資をしてもらうために，出資する人の責任をあらかじめ軽くしてあるのです．これによって多くの人が安心して出資できるようになります．株式会社は他の会社と比べて，大規模な事業を行うことが想定されており，大規模な事業を行うためには，多額の資金が必要となります．この多額の資金を獲得するために，多くの人に出資してもらわなければなりません．そのためには安心して出資できるシステムを用意する必要があります．この**安心して出資できるシステム**の1つとして，**株主の責任**は「**間接有限責任**」と定められているのです．

② 合名会社

合名会社の社員は，**直接無限責任**を負うことになります．これは，会社債権者に対して，直接に無制限で会社の債務を支払う責任を負うというものです．

これは非常に重い責任です．

合名会社の社員は，なぜこのような重い責任を負うのか，それは，合名会社に出資をする社員は，合名会社の経営を行うことができるからです．すなわち，合名会社の社員には業務執行権が与えられています．したがって自分達で合名会社の経営を行って，それに失敗すれば全責任を負うということになります．ちなみに，株式会社の社員である株主は，株式会社の経営には直接タッチしないというのが原則です（所有と経営の分離）．これについてはNo.5で詳細に説明します．

③ 合資会社

合資会社の社員は，2種類の社員が存在します．すなわち，合名会社の社員と同様，**会社債権者に対して，直接に無制限で責任を負う直接無限責任社員**と，**会社債権者に対して直接責任は負うが，責任の範囲は，自分が会社に出資する額に限定されている直接有限責任社員**が存在します．合資会社の場合，株式会社と異なり，会社に出資すると約束（契約）しただけでも社員になれます．したがって，出資をすることを約束しただけで，まだ会社に出資をしていない有限責任社員は，会社債権者からその出資予定額について，「会社ではなくて自分に支払え」と請求された場合は，それに応じなければならないということです．

なお，株式会社の社員（株主）になるためには，必ず，引き受けた株式の価額（買った株式の代金）を会社に支払わなければなりません．したがって，株式会社の社員である株主は，会社に株式の代金を支払った後，すなわち出資した後は，会社債権者に対しては何の責任も負わないということになります．

④ 合同会社

合同会社の社員は，株式会社の社員，すなわち株主と同様に，**間接有限責任**しか負っていません．

POINT

会社の種類	社員の責任
株式会社	間接有限責任
合名会社	直接無限責任
合資会社	直接無限責任＋直接有限責任
合同会社	間接有限責任

・株式会社の社員（株主）の間接有限責任

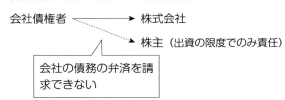

・合名会社の社員の直接無限責任

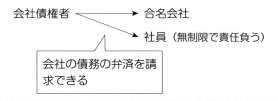

03 会社の種類　その2

株主は，会社に対して「細分化された割合的単位」という抽象的な地位を有している

（1）社員の地位による区別・分類

　それぞれの会社の社員（出資者）が，会社に対してどのような地位を有しているのかということに関しては，株式会社の社員（株主）とそれ以外の会社の社員で区別・分類されます．違いは，「株式」という制度が採用されているかどうかです．株式会社においては「株式」という制度が採用され，株式会社の社員は，株式という地位を有しています．それ以外の3種類の会社では，「株式」の制度はとっていません．では「株式」とはどういう地位なのか．それを説明する前に，株式会社以外の会社の社員の地位について説明します．

（2）合名・合資・合同会社の社員の地位

　株式会社以外の3種類の会社（合名・合資・合同会社）の社員は，会社に対して「持分権」という地位を有しています．これはどういうものかというと，たとえば，3000万円の家をAが2000万円，Bが1000万円支払って，共同で買ったとします．この場合，AB間で何も特別な定めをしていなければ，Aはその家に対して3分の2，Bは3分の1の持分権をそれぞれ有するということになります．これと同様に，X合名会社に対して，Aが100万円，Bが200万円，Cが300万円，Dが400万円出資したとします．この場合，Aは10分の1，Bは10分の2，Cは10分の3，Dは10分の4の持分権をそれぞれ有することになります．すなわち**持分権**とは，**会社に対する支配権**です．そこで**合名・合資・合同会社を総称して**，**持分会社**とよんでいます．

POINT

```
         X合名会社
                              〈持分権〉
    社員A      100万出資     10分の1
      B       200万出資     10分の2
      C       300万出資     10分の3
      D       400万出資     10分の4
```

（3）株式会社の社員の地位

　株式会社の社員は，会社に対して「株式」という地位を有しています．そのため株式会社の社員は，株主と呼ばれているのです．繰り返しになりますが，株式会社に対する出資は，株式会社が発行する株式を引き受けて，その株式を引き受けた人がその価額を会社に払い込むという形で行われます．要するに，会社が株式を売って，それを買った人が株式の代金を払い込むということです．株式の代金を会社に払い込んだ人が株主となります．

　このように**株式**とは，**株式会社の社員たる地位**ですが，その内容は，「**細分化された均一的な割合的単位**」と説明されています．大変抽象的ですが，順番に説明します．前述の例でABCDがX株式会社に対して，それぞれ100万円，200万円，300万円，400万円を出資したとします．この場合，Aは10分の1（計1000万円の内，100万円を出資しているため）という地位を1個もっていることになります．同様にみていくと，10分の1という地位をBは2個，Cは3個，Dは4個もっているということになります．ここで10分の1という地位が，「均一的な割合的単位」です．同様の例を少し別の角度からみてみると，X株式会社が発行した株式が1株5万円だったとします．この場合，100万円出資したAは，X社から20株の株式を引き受けることができます．同様に200万円出資したBは40株，300万円出資したCは60株，400万円出資したDは80株の株式をそれぞれX社から引き受けることができます．ここでは1株5万円というのが，「均一的な割合的単位」です．

POINT

```
X株式会社
                               1株
株主A    100万出資    5万円 ×20株
    B    200万出資    5万円 ×40株
    C    300万出資    5万円 ×60株
    D    400万出資    5万円 ×80株
                    均一的な割合的単位
```

（4）株式会社が「株式」という制度を採用している理由

　株式とは均一的な割合的単位という非常に抽象的な地位ですが，この割合的単位を細分化すればするほど，多くの人が株式会社に対して出資しやすくなります．前述の例でみれば，100分の1を1000分の1にした方が，あるいは1株5万円を500円にした方が，出資単位が小さくなり，その分，少額の出資でその会社の株主になることができます．このように多くの人に出資をしてもらいたいからこそ，株式会社は，株式という抽象的な制度を導入しているのです．

　なぜ株式会社は多くの人に出資してもらう必要があるかというと，株式会社は大規模な事業を行うことが想定されているからです．大規模な事業を行うためには，多額の資金が必要になります．多額の資金を得るためには，多くの人に出資をしてもらう必要があります．株式会社は，この株式と前項の間接有限責任という2つの制度を採用することによって，多くの人に出資をしてもらうようにしているのです．

POINT

会社の種類	社員の地位
株式会社	株式（細分化された均一的な割合的単位）
合名会社 合資会社 合同会社	持分権

04 株式会社の根本的特質
間接有限責任と株式という制度は多額の資金を獲得するためのもの

(1) 意　義

　一口に株式会社といっても，実際には小規模で同族的家族的な会社はたくさんあります．ところが会社法では，**株式会社は大規模な事業を行うことが想定されています**．大規模な事業を行うためには，**多額の資金が必要**となります．多額の資金を確保するためにはどうしたらよいのか．もちろん金融機関から金銭を借りるという方法もあります．ところが金融機関からの借入ではその金額にも限界があり，しかも借りた金は返さなければなりません．そこで会社法は，**少額でもいいから多くの人が株式会社に資金を提供してくれる．すなわち出資をしてもらえるようなシステム**を用意しました．それが「**間接有限責任**」と「**株式**」という制度です．

　すなわち，出資者である社員（株主）の責任を「**間接有限責任**」という非常に軽い責任に限定するとともに，社員に対して「**株式**」という抽象的な地位を与えることによって，多くの人に安心して出資してもらえるようにしています．このことから，「**間接有限責任**」と「**株式**」という**制度**こそが，**株式会社の根本的特質**と呼ばれています．両者についてはすでに No. 3 で説明しましたが，ここで改めて補足説明も含めておさらいをしてみます．

(2) 間接有限責任

　株式会社の社員（出身者）である株主は，会社が負っている債務について，その会社債権者に対して直接責任を負わず，自分が出資した限度でのみ責任を負います．このことは，自分が買った株式の代金を会社に支払った後は，誰に対しても一切，会社の債務について責任を負わないということです．

具体的には，X株式会社がY金融機関から1000万円の融資を受けていたとします．X社は当然，借りた1000万円をYに返済しなければなりません．ところがその後，X社の経営状態が悪化して，X社はYに1000万円を返済する前に倒産してしまったとします．ここで，AがX社に100万円出資している株主であるとすると，YがAに対して「X社の代わりに，X社の債務を支払え」と請求したとしても，Aは当然それを拒否することができます．X社に対して，追加出資するといった義務もありません．ただ，X社が倒産することによって，X社に出資した100万円はもう戻ってきません．「出資の限度で責任を負う」というのは，そういう意味です．

　このように**責任が軽いことが予めわかっていれば**，すなわち，**自分の意思で出資した金額は，会社の経営状態が悪化すれば最悪戻ってこないが，それ以外は一切金銭的な負担はないとわかっていれば，誰もが安心して出資**できます．したがって，**多くの人からの出資が期待でき，多額の資金が用意できる**ということになります．

（3）株　　　式

　株式会社の社員は，株式という地位，すなわち均一的な割合的単位という抽象的な地位を有しています．繰り返しになりますが，割合的単位を細分化すればするほど，出資単位が小さくなって，多くの人が出資しやすくなります．No.3の例でみれば，1株5万円の株式の価額が500円になれば，Aは200株引き受けても，10万円払うだけですむことになります．したがって，少額の資金しかもっていない人でも出資が可能となります．

　その一方で，会社が画期的な新商品を発売したといった場合，その会社の市場での価値は高まるため，多くの人がその会社の株式を買いたいと思うはずです．したがって，1株あたりの株式の単価を引き上げても多くの人が出資してくれる可能性があります．そうなれば高い単価にしても多くの人が出資してくれることになり，会社としては多くの資金を獲得することができます．このような場合は，1株500円だった株式の価額を5万円に引き上げても，多くの人が出資してくれるため，それだけ会社は多額の資金を得ることができます．こ

のように**株式**という社員の地位を抽象的なものにすることによって，出資単位も調整でき，資金の確保が行いやすくなっています．

POINT
　株式会社：大規模な事業を行うことを想定
　　　　　　↓
　　　多額の資金が必要
　　　　　　↓
　　　多くの人に出資してもらう必要
　　　　　　↓
　　　安心して出資できるシステムを用意
　　　　・間接有限責任　⎫
　　　　・株式　　　　　⎭ 株式会社の根本的特質

まとめ　会社の種類と株式会社の根本的特質

会社の種類	社員の責任	社員の地位
株式会社	間接有限責任	株式
合名会社	直接無限責任	持分権
合資会社	直接無限責任＋直接有限責任	
合同会社	間接有限責任	

　　　　　　　　　　　　　　　　株式会社の根本的特質

所有と経営の分離
株主は会社の所有者だが，原則，会社の経営にはタッチしない

　株式会社は，大規模な事業を行うために多額の資金を確保すべく，多くの人が安心して出資できるシステムとして，「間接有限責任」と「株式」という制度を用意しています．この２つが**株式会社の根本的特質**ですが，この特質から会社法上，様々な重要な基本原理が導かれます．具体的には，「**所有と経営の分離**」，「**株式譲渡自由の原則**」，「**株主平等の原則**」等です．まず「所有と経営の分離」からみていきます．

（1）意　　義

　所有と経営の分離とは，**株主は会社の所有者であるが，会社経営には直接は参画せず，会社の経営は経営の専門家である取締役や代表取締役に任せる**（委任する）というものです．「会社の経営に直接参画しない」とは，株主総会に参加して議決権を行使することによって，取締役の選任・解任等を通じて間接的に会社経営に参画したり，あるいは定款変更等会社の基本的な意思決定にのみ参画するという意味です．

　株主は間接有限責任という非常に軽い責任しか負いません．軽い責任しか負わない人が会社経営に心血を注ぐということは通常では考えられません．実際，株主は会社経営には興味がなく，「株で儲ける」ことにしか興味がない人が圧倒的です．また株主は，会社に対して株式という地位，すなわち細分化された均一的な割合的単位という抽象的な地位を有しています．「抽象的」ということは，個性が喪失されているということです．個性が喪失されているということは，能力を問わず，誰でも株主になれるということです．したがって，株主は経営意欲だけではなく，高度で専門的な経営能力も兼ね備えていないのが一般的です．また，仮に全ての株主が経営意欲も能力も備えていたとしても，大

規模な会社においては、数十万人という株主が存在することも稀ではないことを考えると、その全ての株主が会社経営の具体的な内容に参画するということは、事実上不可能です。

そこで**会社の所有者である株主は、経営には原則として口出しせず、会社の経営はその途のプロ（経営者）に任せる**、すなわち**「所有と経営の分離」**という原理がでてきたのです。ところが実際には、オーナー株主が自ら取締役・代表取締役になって経営を行うというケースが非常に多く存在します。特に小規模で同族的・家族的経営がなされている会社にこの傾向が顕著です。こういった会社では、所有者＝経営者、すなわち「所有と経営が一致」しています。このように株式会社には様々なタイプがあります。会社法は、このような現実を考慮して、会社の実態に応じた経営が可能となるように、制度的な配慮がなされています。このことは改めて説明します（No. 57, 58参照）。

（２）合名会社との比較

少し話はそれますが、No. 2でみた通り、**合名会社の社員（出資者）は、「直接無限責任」**という非常に厳しい責任を負っています。すなわち**会社債権者に対して、会社の債務を直接にしかも無制限で責任を負う**というものです。このような厳しい責任を負わされる会社に出資する人なんているのだろうか、という疑問がでるかもしれません。ところが現実に合名会社は存在しており、出資者も当然います。ではこのように厳しい責任を負わされるのがわかっているのになぜ合名会社に出資するのか、ということです。その理由は、合名会社に出資した社員は、必ず合名会社の経営を行うことができるからです。すなわち**合名会社の所有者である社員は、業務執行権を有する**ことになります（No. 2参照）。したがって、社員自ら経営を行って、万一失敗したら全責任を負うというのは、ある意味合理的です。

このように合名会社の場合は、合名会社の社員が直接無限責任を負うことから、**所有と経営の一致**が制度的に定められています。

POINT

- 株式会社
    根本的特質
    間接有限責任：株主の責任は軽い　⟶　経営に興味のない株主が多数

    株式：株主の地位は抽象的　⟶　個性がなく，高度な経営能力を備えていない株主が多数

    株主は会社経営には直接タッチせず，会社経営はその専門家である取締役等に任せる：所有と経営の分離

- 合名会社
    直接無限責任：社員の責任は重い
    持分権　　　：社員1人1人の個性が重視

    社員は会社経営を直接行う：所有と経営の一致

06 株式譲渡自由の原則
株主は，原則として，株式という地位を自由に譲渡できる

（1）意　義

株式譲渡自由の原則とは，**株主は，自分が有している株式という地位を第三者に自由に譲渡（売却）できるという原則**です．要するに株主は，自分の意思で買った株式を他人に自由に売却できるというものです．

（2）株式の自由な譲渡が認められている根拠

株主に株式の自由な譲渡が認められている根拠は2つあります．1つは，それを認めなければならない「**必要性**」があるということです．もう1つは，それを認めても問題はないという「**許容性**」があるからです．順番にみていきます．

① 必要性

株式の譲渡を認めなければならない必要性としては，**株式の譲渡が，株主にとって投下資本回収のための重要な手段**であるからです．たとえば，子供の入学金や入院費用を用立てるために資金が必要になった場合，元々株で儲けるためにある会社から買った株式の代金を回収する（取り戻す）ためには，原則としてその株式を第三者に売却するしか方法がないからです．

本来，株主にとって投下資本回収のための一番いい方法は，会社から買った株式を再び会社に買い取ってもらうことです．ところがこれは会社法上，原則として認められていません．なぜなら**会社が株主に売った株式を再び買い取る**ということは，会社に入ってきた株式の代金（出資金）が，再び外部に流出することを意味します．すなわち**資本の払い戻しと同じことになります**．このよ

うなことが無制限に行われると，会社の財産が流出し，会社の財産的基礎が害される恐れがあります．またこの払い戻しは，会社法上，会社だけではなく，会社債権者を保護するという観点からも問題があります．すなわち株主は間接有限責任という軽い責任しか負っていないので，会社債権者は，株主に対して，「会社が自分に負っている債務を会社に代って支払え」とは言えません．したがって，**会社債権者にとっては会社に存在する財産だけが唯一の拠りどころ**ということになります．にもかかわらず**会社財産が払い戻しによってどんどん外部に流出する**となると，会社債権者を害することになるからです．

このような理由から，株式の第三者への譲渡を認める必要性があるのです．

② 許容性

株主が有している株式という地位は，細分化された均一的な割合的単位という極めて抽象的なものです．したがって，株主には個性がないとされています．また株主は間接有限責任という軽い責任しか負わず，原則として会社経営には参画しないため，株主の個人的な能力や個性は，会社にとっても会社債権者にとっても重要ではありません．しかも株主間には横のつながりがなく，特に多数の株主からなる会社にとっては，株主間に個人的な信頼関係はないのが通常であり，株主の個性は重視されません．このため誰が株主になっても，会社も会社債権者も別段，困ることはないのが一般的です．したがって，株式を第三者に自由に譲渡できる許容性もあるのです．

（3）株式譲渡自由の原則の例外

このような必要性と許容性から，株式譲渡自由の原則が導かれますが，株式の自由な譲渡を無制限に認めると，会社にとっては困る場合がでてきます．それは，ある株主が株式を第三者に譲渡することによって株主が入れ替わることになりますが，その株式の譲渡を受けた（株式を買った）第三者が，会社にとって好ましくない人の場合です．

典型的なケースは，株主から株式の譲渡を受けた人が「総会屋」の場合です（No. 34 参照）．

このように会社にとって好ましくない人が会社に入ってくることを防ぐために，会社法は，**株式の自由な譲渡を制限できる制度**を設けています．また，会社の事務処理の簡素化という観点からも，株式譲渡自由の原則の例外が設けられています．これに関しては，段階的にスムーズに理解してもらうために，No. 63, 64で説明します．

POINT

　株式譲渡自由の原則：株主は，原則として，自分が有している株式を自由に譲渡することができる

　　　∵① 株主の投資回収の必要性
　　　　② 会社の許容性

　株式譲渡自由の例外＝制限

株主平等の原則
株主平等の原則とは，株主1人1人が完全に平等というわけではない

(1) 意　　義

　株主平等の原則とは，株主は，保有している株式の内容及び数に応じて，平等に取り扱われなければならないというものです．何について平等に取り扱われなければならないのかというと，株主としての権利を行使したり，利益を受けたりするにあたってです．たとえば，株主総会に参加して議決権を行使したり，会社に利益（剰余金）が生じた場合に会社から配当を受けるにあたって，株主によって有利不利の扱いをすることは，原則として許されません．すなわち**株主は，株主としての資格に基づくすべての法律関係について平等な取り扱いを受ける**というものです．

　ただし株主1人1人が完全に平等に扱われるという絶対的平等ではありません．ここでいう「平等」とは，**株主が持っている株式数に応じた相対的平等**です．したがって，株主総会で議決権を行使するにあたっては，1株しか持っていない株主は1個の議決権，1000株持っている株主は，1000個の議決権を有することになります．また会社から利益を受けるにあたって，A株主には1株50円の配当を受けることができる株式を与え，B株主には1株100円の配当を受けることができる株式を与えるということは，原則として認められませんが，A株主が10株，B株主が100株持っていたとすると，1株当たり100円の配当であれば，全体としてAは1000円，Bは1万円の配当を受けることになります．

　このように，より多くの株式を持っている株主の方が，自分の意思が反映されやすく，利益を多く受けることができます．この株主平等の原則は，株主が有する株式という地位は，均一的な割合的単位の形をとったものであることを，株主の面からみたものです．

（2）株主平等の原則が導かれる根拠

　もし株主の個性に応じて取り扱いが異なるものにしてもいいということになると，法律関係は大変複雑なものとなり，合理的な処理ができなくなります．また株主間に不平等が生じます．たとえば，ABC 3人の株主がいて，Aは社長の親戚だから，Aに対してだけ1株につき2個の議決権を与えると定めることができるとなったらどうなるでしょうか．これでは誰も安心して出資できなくなります．原則として全ての株主に対して**画一的な処理をすること**によって，多くの人に安心して出資してもらうことができるのです．すなわち，**株主平等の原則**は，会社への出資の促進もその目的としています．

　また会社が，「1000株以上の株式を保有している株主にしか，株主総会での議決権の行使を認めない」という定めをすることが認めらたらどうなるでしょうか．これでは少数派の株主の利益が害されます．そういう意味では，**株主平等の原則**は，**少数派の株主を保護する**という機能も有することにもなります．

（3）株主平等の原則の例外

　株主平等の原則は，① 会社が発行する各株式の内容が原則として同一であるということ，② 同一内容の株式は，同一の取り扱いがなされる，ということをその内容としています．ところが会社法は，内容の異なったいくつかの株式の発行を認めています．この点に関しては，No. 61, 62で詳細に説明します．

POINT

株主平等の原則：株主は，その保有株式の内容および数に応じて平等に取扱われなければならないとする原則

〈根拠〉
・多くの人に安心して出資してもらうため
・少数派株主の保護

08 株式会社における会社の分類
会社法上の公開会社とは，株式を上場している会社ではない

（1）公開会社と非公開会社

① 公開会社

　公開会社とは，会社が発行している株式の全部または一部を株主が譲渡するにあたって，制限が設けられていない株式会社です．会社法上より正確に言うと，会社が発行する全部または一部の株式の内容として，譲渡によってその株式を取得する場合に，定款（No. 9, 11 参照）によって，その会社の承認を要する旨の定めが設けられていない株式会社とされています．一般的に公開会社というと，株式を証券取引所に上場している「上場会社」のことを言いますが，会社法上の公開会社とは，**株主が自由に譲渡できる株式を，一部でも発行している株式会社**を言います．

　株主の投下資本回収の重要な手段として「株式譲渡の自由」が会社法上保障されています（No. 6 参照）．株主は，株式の購入代金として会社に払い込んだ金額を会社から払い戻してもらえない以上，買った株式を第三者に売って，代金を回収するしかないわけです．そして株主が株式を第三者に売るということは，会社からみれば，株主が交代することを意味します．大規模な会社では，株主は頻繁に変動し，誰が株主になっても一般的には問題ないと考えられます．したがって，このような会社では株式の譲渡とそれによる取得に関して，その会社の承認を要する旨の定めは，定款には記載されていないのが通常です．

② 非公開会社

　それに対して非公開会社とは，**会社が発行している全部の株式について譲渡制限が設けられている会社**です．大規模な会社とは異なり，小規模で同族的・家族的な会社では，株主が取締役になって会社の経営を行っていく，すなわち所有と経営が一致しているケースが圧倒的多数を占めています．このような会

社では，誰が株主になるかによって，会社の経営の方向性が大きく左右されることになります．そこでそういった**会社の事情を考慮して，会社経営にとって好ましくない人が株主となるのを防止するために，定款によって株式の譲渡について制限を設ける**ことが認められています．具体的には，定款に「当社の株主が株式を譲渡する場合は，予め当社の取締役会（または株主総会）の承認を要する」という定めを設けることができます．

③ 公開会社か非公開会社かによる取り扱いの違い

会社法では，公開会社であるか非公開会社であるかによって，様々な点で異なる規制がとられています．たとえば，**公開会社では取締役会を必ず設置しなければなりませんが，非公開会社では取締役会の設置は任意**です．これは，公開会社では「所有と経営の分離」（No. 5，57，58参照）が必要となるからです．すなわち，株式の譲渡が原則として自由な公開会社では，株主は頻繁に変動し，多くの株主は会社の経営に興味も能力もないのが一般的です．また経営に興味や能力があったとしても，株主の数は多数に上ることが想定されているため，株主全員が参画して会社経営を行っていくことは事実上不可能です．そこで経営の専門家である複数の取締役によって構成された取締役会の設置を強制して，そこで経営に関する重要事項を決定していくというシステムをとった方が合理的な会社経営ができると考えられているからです．

それに対して，全ての株式について譲渡制限を設けている非公開会社の場合は，「所有と経営が一致」しているケースが圧倒的に多いため，固定された少数の株主が自ら経営に関する意思決定を行っていくことにも一定の合理性があり，取締役会の設置は任意とされているのです．

また**公開会社においては取締役の任期は原則として2年であり，その任期を伸長することはできませんが，非公開会社の場合は，取締役の任期は定款で定めれば，10年まで伸長できます．**これは，原則として所有と経営が分離している公開会社においては，会社の所有者である株主から経営を任された取締役は，株主からの信任が得られているかどうかを短期間ごとに確認する必要があるからです．一方，所有と経営が一致しているケースの多い非公開会社の場合は，株主自らが経営に参画しているためそのような必要はないということです．

POINT

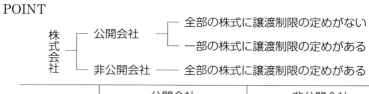

	公開会社	非公開会社
取締役会	必置	設置は任意
取締役の任期	原則2年（定款で伸長不可）	定款で10年まで伸長可能

＊1 「公開会社」という言葉は，一般的に，「金融商品取引所に株式を上場している会社」という意味に用いられていますが，会社法上の意味は，前述の通りそれと全く異なっています．公開会社であるからといって，株式を上場している必要はありません．もっとも，上場会社は，その株式を譲渡することは自由でなければなりませんから，すべて公開会社ということになります．

＊2 公開会社については，会社法に定義規定が設けられていますが，それ以外の会社について会社法は，「公開会社でない株式会社」とだけ表現しているに過ぎません．そのため，公開会社でない株式会社は，「株式譲渡制限会社」とか「閉鎖会社」などとも呼ばれますが，本書では，上記のとおり「非公開会社」という用語を用いることにします．

（2）大会社と非大会社

大会社とは，最終の事業年度にかかる貸借対照表に資本金として計上した額が5億円以上であるか，あるいは貸借対照表の負債の部に計上した額の合計額が200億円以上のいずれかに該当する株式会社をいいます．

大会社は，公開会社であるかどうかを問わず，会計監査人を必ず置かなければならないとされています（No. 50, 57, 58参照）．また，公開会社である大会社は，監査役会か委員会（指名委員会等設置会社あるいは監査等委員会設置会社の場合）を置かなければならないとされています（No. 48, 57, 58参照）．そして大会社においては，内部統制システム（広い意味でのリスク管理体制）の整備が義務付けられています（No. 24参照）．会社法が制定される以前には，大会社・中会社・小会社という3つの区分を設け，小会社の場合に限り監査役の権限を会計監査（No. 42参

照）に限定するという措置をとっていましたが，会社法においては，中会社と小会社という区分を廃止し，大会社か大会社でないかという区分だけとしました．

なお，大会社の定義に関しては正確には前述の通りですが，今後は便宜上，「資本金5億円以上または負債総額200億円以上の株式会社」と称することにします．

（3）親会社と子会社

旧商法においては，その会社の総株主の議決権の過半数を有している会社をその会社の親会社，ある会社から総株主の議決権の過半数を保有されている会社をある会社の子会社と定義していました．

たとえばX社がY社の50％超の株式を保有していれば，X社が親会社，Y社が子会社という関係でした．

ところが会社法においては，**親子会社の定義に関して，単なる議決権の基準だけではなく，実質的な支配基準を取り入れる**ことになりました．**実質的な支配基準とは，「財務及び事業の方針を支配しているかどうか」**というものであり，その具体的な内容は法務省令に定められています．

したがって会社法においては，総株主の議決権の過半数という基準を充たしていなくても，前述の例では，Y社がX社に実質的な支配をされていれば子会社に該当する場合もあり，その反面，総株主の議決権の過半数基準を充たしていたとしても，Y社はX社の子会社には該当しない場合もでてくるということです．

POINT
　大会社
　　・資本金5億円以上または負債総額200億円以上の株式会社
　　・会計監査人必置
　　・公開会社である大会社：監査役会または委員会必置
　　・内部統制システム整備義務
　親子会社
　　・単なる議決権の基準だけではなく実質的な支配基準を導入

会社設立の全体像
株式会社は，定款を作成し，登記をすることによって設立される

　株式会社を設立するためには，大きく分けて2つの手続を行う必要があります．1つは，会社としての実体をつくりあげる手続です．そしてもう1つは，誰もが「ああ，○○株式会社ができたのだな」と認識できるような手続を行う必要があります．前者は**実体的要件**（実体形成手続），後者は**形式的要件**と呼ばれています．

　まず，**実体的要件**ですが，会社の実体ができたと言うためには，**主に3つの手続を完了させなければなりません**．1つ目は，会社の根本規則を作成して，会社の目指すべき方向性を定めるということです．すなわち，「**定款の作成**」です（定款に関しては No. 11 で詳細に説明します）．2つ目は，会社が事業・経営を行っていくためには当然のことながらその基でとなる資金が必要となります．したがって，「**資金を確保**」しなければなりません．資金を確保するためには，金融機関からの借入等の方法も考えられますが，金融機関からの借入額には限界があり，しかも借りたお金はやがて返済しなければなりません．これでは会社の財産がプールされたことにはなりません．そこで，まとまった**多額の資金を会社財産として確保するためには，他者から資金を提供してもらう**（出資してもらう）必要があります．すなわち，「**出資の履行**」です．具体的には，設立される会社が株式を発行し，それを他者に引き受けてもらって，その株式を引き受けた人に引き受けた株式の代金（価額）を会社に払い込んでもらうことによって，その会社の資金が確保されることになります．3つ目は，会社が対外的な事業や対内的な業務を行っていくためには，それを実際に行う人がいなければなりませんし，一定の組織も必要になります．そして，**経営を行うにあたって中心となる人や組織体のことを**「**機関**」と呼んでいます．具体的には，経営を行うにあたっての中心となる人としては，代表取締役・取締役・監査役等であり，組織体としては，株主総会・取締役会等があります．こういった人を

確保し，組織体を備える必要があります．すなわち，「**機関の具備**」です．

このように，**根本規則（定款）の作成，資金の確保（出資の履行），機関の具備**の3つがなされることによって，その会社は実体ができあがったと言えます．

ところが**実体をつくりあげただけでは，会社は設立されたことにはなりません**．繰り返しになりますが，**名実ともにその会社が設立されたということを誰もが認識できるような手続**が必要となります（形式的要件）．それが「**設立の登記**」です．登記には，不動産登記と商業登記の2種類がありますが，会社設立の登記は，商業登記に含まれます．商業登記とは，会社や個人商人といった商人に関する一定の情報（商号・目的・本店所在地・資本金・役員関係等）を，一定の媒体（商業登記簿）に開示するための制度です．

ここでは会社設立の登記の具体的手続について説明します．発起人（No. 10参照）という会社設立の中心人物が，作成した定款，出資が履行されたことを証する書面，取締役等が選任され，本人が就任を承諾したことを証する書面等を添付書類として法務局に持参して，会社設立の登記申請を書面で行います．法務局は，問題がないと判断すればその申請を受理して，新会社の商号（名称）や事業目的，本店所在地，資本金額，役員の氏名等を商業登記簿に記載します．商業登記簿とは，商人の戸籍簿と考えて下さい．そしてその商業登記簿は誰でも閲覧することが可能です．したがって，誰でもその商業登記簿を閲覧することによって，「○○株式会社ができたのだな」ということがわかります．このように**法務局が会社設立の登記を受理して，その会社の実体が商業登記簿に記載された日が，その会社が設立された日**ということになります．

POINT
　会社設立の手続（要件）
　　・実体的要件
　　　　① 根本規則（定款）の作成
　　　　② 資金の確保（出資の履行）
　　　　③ 機関の具備
　　・形式的要件
　　　　設立の登記

30　設　　立

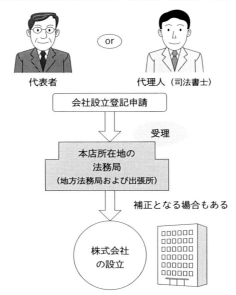

出典：神田将『図解による会社法・商法のしくみ改訂3版』自由国民社，2010年．

10 会社設立の方法
発起人とは，会社設立の企画者（中心人物）

　会社設立の方法には2種類あります．**発起設立と募集設立**です．

　発起設立とは，会社が設立に際して発行する株式を，発起人が全て引き受けることによって会社を設立する方法です．これに対して，募集設立とは，会社が設立に際して発行する株式の一部を，発起人が引き受けて，残りは会社が発行した株式を引き受けてくれる人を募集する設立方法です．すなわち，発起設立と募集設立の決定的な違いは，会社が設立に際して発行する株式を発起人が全て引き受けるか否かということです．発起設立の場合，発起人だけが株式引受人（会社が設立されると株主となる）となり，募集設立の場合，発起人以外にも株式引受人が存在するということです．

　発起人は，会社設立の中心人物ですが，正確な定義としては，「**会社設立の企画者で，定款に署名または記名押印した者**」ということになります．会社設立の企画者とは，要は，「会社を作ろう」と決意して，そのための段取りをする人です．段取りとは，具体的には，会社の根本規則である定款を作成したり，出資をしたり，取締役や監査役を選任したり，設立の登記を申請したり，ということです．

　また，定款に署名または記名押印した者とありますが，署名とは自筆であり，記名とは自己の名前等をパソコンなどで打ち込むことです．署名は，その人が間違いなく自分の意思で記載したことがはっきりしているので，署名のある書面等は，それだけで証拠能力があります．それに対し記名は，その人が間違いなく自分の意思で記載したかどうかわからないので，記名だけの書面等は証拠能力はありません．記名に加え，印鑑を押してはじめて証拠能力がでてきます．すなわち，証拠能力という点では，署名＝記名＋押印ということになります．

　発起人に話を戻しますが，定款に署名していない，あるいは記名しかなされていない場合，その人はいくら会社の設立に尽力したとしても，会社法上の発

起人とはなりません．このことは，発起人が負う責任との関係で重要となります．万が一，設立手続に不備があって会社や第三者に損害が発生した場合，発起人は会社設立の企画者として重い責任を負うことになります．したがって，定款に署名または記名押印した人が発起人というように形式的に判断することによって，重い責任を負う者を特定するようにしているのです．

なお，発起人には生身の人間（自然人）だけではなく，法人もなることができます．たとえば，X社がY社を作ろうと決意して，Y社が設立に際して発行する株式を全て引き受け，その分の出資をするといったことがよくあります．この場合，X社とY社の関係は，完全親子会社ということになります（X社が完全親会社，Y社が完全子会社）．

POINT

株式会社の設立方法

発起設立	設立に際して発行する株式の全部を発起人が引き受けて会社を設立する方法
募集設立	設立に際して発行する株式の一部を発起人が引き受け，残余については他から引受人を募集して会社を設立する方法

発起人：会社設立の企画者で，定款に署名または記名押印した者

11 定款の記載事項
定款とは，会社の憲法（根本規則）である

　会社の組織や活動に関する根本規則である定款に記載しなければならない事項，あるいは記載できる事項は，3つに分けることができます．それは，**絶対的記載事項・相対的記載事項・任意的記載事項**です．

（1）絶対的記載事項

　絶対的記載事項とは，その事項を記載しなければその事項だけではなく，定款自体の効力が生じない（無効となる）事項です．具体的には，以下の5つです．

- ・目的：その会社が行う事業の内容
- ・商号：その会社の名称
- ・本店所在地：その会社が行う事業の本拠地
- ・設立に際して出資される財産の価額またはその最低額：
  確定額ではなく，最低額です．なお，最低資本金制度が撤廃されたので，最低額については制限がなく，何円でもよいことになります
- ・発起人の氏名・名称及び住所：「名称」が入っているということは，他の会社のような法人でも，発起人になれることを前提としています．

これらの事項の1つでも定款に記載されていないと，**定款全体が無効となります**．したがって，設立登記の申請をしても受理されず，その会社を設立することができなくなります．

（2）相対的記載事項

　相対的記載事項とは，それを定款に記載しないと，効力を生じない事項です．

但し，その事項を記載しなくても，（1）の絶対的記載事項とは異なり，**定款自体の効力には影響を及ぼしません**．この相対的記載事項で重要なものが**変態設立事項**（現物出資，財産引受，発起人の報酬・特別の利益，設立費用）です．変態設立事項に関しては，No. 13, 14 で詳細に説明しますが，この **4 つの事項**はいずれも自由に認めると，会社の財産が不当に流出してしまう恐れのある事項です．したがって，この 4 つの事項は「定款に記載せずに勝手に行ったとしても，効力が生じない」という形で制限を加えています．変態設立事項以外の相対的記載事項としては，株主総会の特別決議の要件を厳しく（加重）する場合，取締役の任期を伸ばしたり，短縮したりする場合などがあげられます．

（3）任意的記載事項

任意的記載事項とは，それを定款に記載してもしなくても，**定款自体及びその事項の効力に影響を及ぼさない事項**です．具体的には，その会社の事業年度，役員の人数（員数），定時株主総会の召集時期等があげられますが，どの会社の定款の記載事項も，大半がこの任意的記載事項と言っても過言ではありません．ではなぜ大半の会社は，定款に記載してもしなくても効力に影響を及ぼさない多くの事項を定款に記載するのでしょうか．しかも一旦，定款に記載した事項を変更（削除も含む）する場合には，株主総会特別決議という厳格な定款変更手続をとる必要がでてきます．にもかかわらず，なぜ多くの会社が任意的記載事項を定款に記載するのか，それは任意的記載事項こそが，その会社のポリシーやスタンスを示すものだからです．自社のポリシーやスタンスを会社の憲法である定款に記載することによって，各社は経営の方針や姿勢を社内外に示しているのです．

POINT

定款の記載事項
- 絶対的記載事項：定款に必ず規定しなければならず，規定を欠く場合は定款自体が無効となる事項
- 相対的記載事項：定款に規定しなくても定款自体は有効だが，定款で定め

ない限りその効力が認められない事項
・任意的記載事項：定款に記載せずに会社の規則等で定めても効力を生じる事項

	具体例
絶対的記載事項	目的，商号，本店の所在地，設立時に出資される財産の価額または最低額，発起人の氏名・名称および住所など
相対的記載事項	現物出資，財産引受，発起人の報酬等，設立費用など
任意的記載事項	事業年度，役員の員数，株主総会の召集時期・議長など

12 設立手続
最初に作る定款は，公証人の認証がないと効力が生じない

　会社の設立は，実体的要件として，主に（1）根本規則（定款）の作成，（2）資金の確保（出資の履行），（3）機関の具備を行い，形式的要件として，（4）会社設立の登記を行わなければならないことは，すでに説明しました．ここではそれぞれのより詳細な内容について，発起設立と募集設立を対比しながらみていきます．

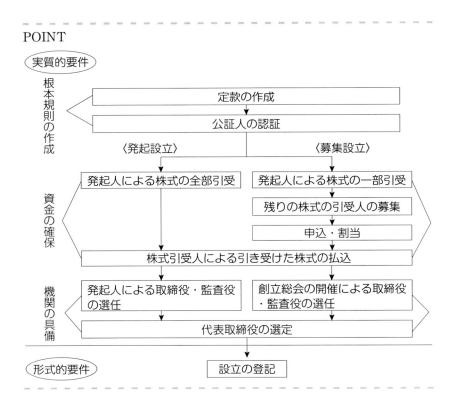

(1) 根本規則（定款）の作成

① 発起人による定款の作成

まず発起人が定款を作成します．絶対的記載事項が記載されていないと，その定款は無効です（No. 11 参照）．ところが絶対的記載事項が充たされていたとしても，それだけでは定款の効力は生じません．**発起人が作成した定款が効力を生じるためには，公証人の認証を受けなければなりません．**

② 公証人の認証

公証人とは，法務大臣により任命された人で，実質的に公務員としての地位を有しています．法律の仕事に携わりますので，元弁護士や検察官といった職業に就いていた人が多いです．この公証人が仕事を行っている場所が公証役場です．公証人の認証とは，発起人が作成した定款が法の要求をみたしたものかどうかを，**外部の第三者である法の専門家がチェックする**というものです．すなわち，公証人の認証には，定款の記載をめぐって，後日に紛争が生じることを防止するという意味があります．

なお，会社が設立された後に定款を変更する場合は，公証人の認証は不要です．この場合は，株主総会の特別決議において定款変更が可能となります．

(2) 資金の確保

① 株式発行事項の決定

資金を確保するために，発起人は，どのような種類の株式を，いくらで（価額），何株発行するかを決定しなければなりません．すなわち，株式発行事項の決定です．この決定は，発起人全員の同意が必要です．

ここまでの手続は，発起設立でも募集設立でも共通しています．発起設立と募集設立では次の手続から違いがでてきます．

〈発起設立の場合〉

② 発起人による株式の全部引受⇒払込

発起設立の場合は，会社が設立に際して発行した株式を発起人が全て引き受けることになります．したがって，発起人は引き受けた株式の引受価額を設立中の会社に払い込むことになります．たとえば，会社が設立に際して1株5万円の株式を1000株発行すると定めた場合，発起人は5000万円を払い込むことになります．これによって出資は履行されたことになり，設立中の会社の資金が確保されることになります．すなわち**発起設立の場合，発起人による株式の引受⇒払込（出資）という手続**だけで，会社の資金が確保されることになります．

〈募集設立の場合〉

③ 発起人による株式の一部引受⇒払込

それに対し，会社が設立に際して発行する株式の一部を発起人が引き受けることによってなされる募集設立の場合は，手続がやや複雑になります．発起人が引き受けた株式の価額を設立中の会社に払い込むという手続は，発起設立の場合と全く同じです．

〈募集設立の場合〉

④ 残りの株式の引受人の募集⇒申込・割当⇒引受⇒払込

ところが発起人が引き受けなかった一部の株式に関しては，引き受けてくれる人を募集しなければなりません．この募集手続も発起人が行います．

そして募集に応じて，株式を引き受けることを申し込んだ人の中で，誰に何株引き受けさせるかは，発起人が自由に決めることができます．これを「割当自由の原則」とよんでいます．たとえば，設立に際して，1株5万円の株式を1000株発行することとして，その内，700株を発起人A, B, Cが引き受けることとなった場合，残りの300株の株式を引き受けてくれる人を募集し，D, E, Fの3人が申し込みを行った場合，例えばD, Eの2人に均等に各150株を割り当てることができます．これはD, E, F3人の株式の申し込み数が，会社が募集した株式数を超える場合，たとえば500株であったとしても，発起人はその発行する株式を誰に割り当てるかを自由に決めることができます．そして

割当を受けた人は，株式引受人として，自分が引き受けた株式の価額の総額を払い込むことになります．前述の例で言えば，D，Eは各750万円を払い込む義務を負うことになります．

このように，**募集設立の場合，発起人による株式の引受・払込という手続に加え，株式引受人の募集⇒株式引受の申込⇒株式の割当という募集手続が必要**となります．

POINT

会社が設立に際して発行する株式の引受人

設立の方法	会社が発行する株式の引受人
発起設立	全て発起人
募集設立	一部は発起人＋残りは会社が株式引受人を募集

（3）機関の具備

ここでの手続も発起設立と募集設立で異なります．

〈発起設立の場合〉
① 発起人による設立時取締役等の選任
　発起人が，会社の設立に際して取締役や監査役になる者（これらの人のことを設立時取締役・設立時監査役といいます．また，会社の設立に際して会計参与となる者や会計監査人になるものも含めて「設立時役員等」といいます）**を選任する**ことになります．員数は原則として，**設立時取締役に関しては3人以上**（これは取締役会を設置する会社の場合です．なお旧商法においては，株式会社は取締役会は必ず設置しなければならないとされていましたが，平成17年に制定された会社法において，一定の要件をみたした会社は取締役会を設置しなくてもよくなりました．これに関しては，No. 15, 57, 58で詳細に説明します），**設立時監査役に関しては，1人以上**（但し，設立しようという会社が監査役会設置会社の場合は3人以上，また指名委員会等設置会社及び監査等委員会設置会社の

場合は，監査役は選任されない）とされています．

〈発起設立の場合〉
② 設立時取締役による設立時代表取締役の選任

そして選任された設立時取締役は，設立しようとする会社が取締役会設置会社の場合は，設立時取締役の中から，設立時代表取締役を選任しなければなりません．設立時代表取締役は，その会社が設立されれば，最初の代表取締役になります．

〈募集設立の場合〉
③ 創立総会による設立時取締役等の選任，設立時取締役による設立時代表取締役の選任

これに対し募集設立の場合は，創立総会という会議体で設立時取締役等を選任することになります．**創立総会とは，株式を引き受けた人（株式引受人）全員で構成される設立中の会社における最高の意思決定機関です**．すなわち，設立後の会社の株主総会の前身にあたるものです．募集設立の場合は，設立中の会社が発行した株式を発起人だけが引き受けるわけではないので，発起人の意思だけで，設立時取締役等を選任することはできないため，創立総会で設立時取締役等の選任がなされます．なお，設立時取締役等の員数及び設立時代表取締役の選任に関しては，発起設立の場合と同様です．

④ 設立手続の調査

また，選任された設立時取締役や設立時監査役は，後述する変態設立事項等が適正になされたかどうか，あるいは発起人等による出資が履行されたかどうかを調査しなければなりません．すなわち，「設立手続の調査」を行う必要があります．これは，発起設立の場合も募集設立の場合も同様です．但し，調査の結果，法令・定款違反や不当な事項があった場合は，設立時取締役等は，発起設立の場合，発起人に通告し，募集設立の場合は，創立総会にそれを報告することになります．

（4）会社設立の登記

　発起人が株式会社設立の登記を申請し，それが受理されると，会社は法人格を取得し，法律上設立されたことになります．この株式会社が設立されることによって，発起人やその他の株式引受人は株主となります．また設立時役員等は，設立された株式会社の役員等になります．

POINT

	発起設立	募集設立
設立時取締役等の選任	発起人	創立総会
設立時代表取締役の選任	設立時取締役	設立時取締役

13 変態設立事項 その1
会社にとって危険な香りのする4つの事項を行うには，2つの制約が課されている

(1) 意義・趣旨

変態設立事項とは，現物出資，財産引受，発起人の報酬・特別の利益，設立費用の4つをいいます．この4つは，全て発起人に深くかかわるものです．どれも発起人の自由に任せて無制限に認めると，その権限濫用によって，会社財産が不当に流出し，会社の財産的基礎が危うくなる恐れのあるものです．

そこで会社財産を確保するために，変態設立事項に関しては，一定の制約が加えられています．具体的には，①定款に記載しなければ効力が生じない，さらに，②裁判所が選任する検査役の調査を受けなければならないというものです．このように二重のチェックシステムをクリアーしなければ変態設立事項は認められません．それでは4つの変態設立事項を具体的にみていきます．

POINT

〈規制内容〉
　原始定款への記載
　裁判所が選任する検査役の調査　　　この2つを経なければ，効力が認められない

〈規制目的〉
　全て実際よりも過大に評価される恐れ
　↓
　自由に無制限に認めると，会社の財産が不当に流出し，会社の財産的基礎が危うくなる

（2）具体的内容

① 現物出資

　会社が発行する株式を引き受けた人が出資をする場合，金銭で行う（金銭出資）のが大原則です．ところが，会社にとっては，金銭で出資をしてもらうよりも，現物で出資をしてもらった方が便利な場合もあります．たとえば，設立中の会社が製造会社の場合，工場とその用地，あるいは物を作るのに必要な機械や設備等を新たに購入するよりも，すでに存在しているそれらの現物の提供を受けた方が，時間的にも手続的にも効果的な場合がよくあります．そういった会社の便宜も考慮して，現物による出資も例外的に認められています．

　ところが，**出資の対象となる現物が実際よりも過大に評価されると，会社財産が不当に流出することになります**．たとえば，1000万円と評価された土地が実際には500万円しかなかったといった場合です．この場合，会社は，1000万円に相当する株式を発起人に引き受けてもらったにもかかわらず，会社には500万円相当の土地が出資されることになり，会社にとっては500万円の損害が発生します．このようなことが自由になされると，会社の財産的基礎は危うくなります．しかも，同数の株式を引き受けて金銭出資をした他の株式引受人は，会社に1000万円を払い込んでいるため，同じ株式引受人の間にも不平等が生じます．

　そこでこのような弊害を防ぐために，**現物出資をする発起人は，定款にその旨を記載**しなければならないと定められています．具体的には，現物出資をする発起人の氏名，対象となる現物，評価された金額等を定款に記載しなければなりません（定款の相対的記載事項）．しかもそれだけではなく，**原則として裁判所が選任する検査役の調査を受けなければなりません**．検査役とは裁判所が選任した弁護士です．

② 財産引受

　財産引受とは，会社設立前に，会社が設立されることを条件として，設立後の会社が，土地等の財産を引き受ける（購入する）という契約です．すなわち，

財産を有している人を売主（譲渡人），設立中の会社を買主（譲受人）とする売買契約です．契約であることから，株式を引き受けた人が金銭の代わりに現物を出資する現物出資とは異なります．

　ところがこの財産引受は，会社にとって現物出資と同じリスクが生じます．すなわち，設立中の会社が購入する財産が，実際よりも過大に評価された場合，それを購入した会社は経済的不利益を受けることになり，これが自由に行われると，会社の財産的基礎が害される恐れがでてきます．しかも，この財産引受は，現物出資の抜け道，いわゆる脱法行為として利用される恐れもあります．そこでこのような弊害を防ぐために，現物出資と同様の2つの手続，具体的には，定款への記載と裁判所が選任した検査役の調査を受けることが必要となってきます．

　ただ，現物出資の規制は発起人に限定されているのに対し，財産引受の場合，規制対象となる売主は，発起人に限定されていません．

③ 発起人が受ける報酬，発起人が受ける特別の利益

　発起人が受ける報酬とは，発起人が会社設立のために尽くしたことへの対価として，会社設立後に発起人の請求に基づき発起人に支払われるものです．また，発起人が受ける特別の利益とは，会社設立の企画者としての功労に報いるために，発起人に与えられる利益のことです．たとえば，その会社の施設利用権などがあります．いずれもそれを行うことやその金額を自由に決めることを認めると，発起人が自分の利益のために，過大にあるいは恣意的に決める恐れがあるために，現物出資や財産引受と同様の規制を設けています．

④ 設立費用

　設立費用とは，会社設立のために必要な費用で，発起人が支出したものです．会社は設立前の段階で様々な準備を要し，そのための費用が生じます．たとえば，会社設立前に事務所を賃貸した場合の賃料，定款等の作成費，出資者募集の広告等があげられます．これらの発生した費用は発起人が立て替えて，会社設立後に会社から発起人に支払われます．

　ところがこれも自由に認めると，発起人がその費用を過大に見積もったり，

本来会社設立に必要のない濫費を設立後の会社が請求される恐れがあります．そこで①～③と同様に変態設立事項として，二重の規制を受けさせるようにしています．

POINT

変態設立事項

種　類	内　容
現物出資	発起人による金銭以外の財産をもってする出資
財産引受け	会社のために，会社の成立を条件として特定の財産を譲り受けることを約する契約
発起人の報酬・特別利益	発起人が設立中の会社の機関としてした労務に対する報酬で，会社の成立後一時に支払われるもの（報酬） 発起人の会社設立企画者としての功労に報いるために与えられる特別な財産上の利益（特別利益）
設立費用	発起人が設立中の会社の機関として支出した会社の設立のために必要な費用

14 変態設立事項　その2
変態設立事項でも，検査役の調査を受けなくてもよい場合がある

（1）意義・趣旨

　変態設立事項に関して，検査役の調査を受けなければならないという規制が設けられているのは，これを発起人の自由に任せて無制限に認めると，発起人の権限濫用により，会社財産が不当に流出し，会社の財産的基礎が危うくなるのを防ぐためです．ところがその一方で，検査役の調査には時間がかかり，検査役の調査が終わらない限り，会社は設立できず，事業を行うことができません．検査役の調査には，通常は1カ月程度を要し，その間，折角会社を作って，早く事業を展開したいと思っているときに，事業ができないというのでは，新会社にとっては大変厳しい状況になります．

　このため，検査役の調査はできる限り受けたくないというのが新会社の本音です．そこで**会社財産の確保と早く設立手続を終わらせて事業を展開したいという新会社の要望，この2つを調和する観点から，一定の要件のもとで，変態設立事項であっても，検査役の調査を受けなくてもいい**というケースが会社法上認められています．

（2）現物出資・財産引受の場合であっても検査役の調査が不要の場合

　現物出資や財産引受が，なぜ変態設立事項として検査役の調査を受けなければならないのかというと，対象となる現物や財産が実際の価額よりも過大に評価される恐れがあるからです．ということは，**元々過大に評価される恐れのない現物や財産**，あるいは，**多少過大に評価されたとしても，影響の少ない小額財産**に関しては，会社財産の確保という観点からすれば，**問題ない**ということになります．そこで，会社法では，以下の3つのケースにおいては，検査役の

調査は受けなくてもいいと定めています．

　1）対象となる現物や財産の**総額が500万円以下の少額財産の場合**
　2）**市場価格のある有価証券**で，その価額が，**市場価格を超えない場合**
　3）対象となる現物や財産の価額が「相当である」ということについて，弁護士・公認会計士・税理士等の証明を受けた場合

　ただし，この3つに該当するケースであったとしても，定款への記載が必要であることに変わりはありません．したがって，1）〜3）のケースは，全て定款に記載された金額で判断することになります．たとえば，1）のケースであれば，定款に記載された現物や財産の価額が500万円以下の場合ということになります．

（3）設立費用であっても変態設立事項に該当しない場合

　設立費用が，なぜ変態設立事項として検査役の調査を受けなければならないかというと，発起人がそれを過大に見積もったり，本来，設立手続に必要のない濫費を会社に請求する恐れがあるからです．そこで，**支出が必要的で，その額の決定につき発起人の裁量の余地がないようなもの**，たとえば，定款の認証を受けるにあたっての手数料や設立登記をするにあたっての登録免許税は，そもそも**会社設立にとって必要なものであり，過大に見積もられる恐れもないため**，**変態設立事項にあたりません**．
　したがって，この場合は，検査役の調査だけでなく，定款への記載も不要ということになります．

POINT

変態設立事項
- 現物出資 ─── 検査役の調査を要しない場合がある
- 財産引受 ・少額財産（過大評価されても影響の少ないもの）
- 発起人の報酬等 ・過大に評価される恐れのない現物や財産
- 設立費用

変態設立事項に該当しないものもある
・支出が必要的で，その額の決定につき発起人の裁量の余地がないもの
（例：定款認証の手数料）

機関総論

15 機関の全体像

株式会社は，株主総会と取締役1人以上は必ず置かなければならない

（1）意義・趣旨

　旧商法において株式会社は，委員会等設置会社（現在の指名委員会等設置会社）を除いて5つの機関を必ず置かなければなりませんでした．具体的には，株主総会・取締役（3人以上）・代表取締役・取締役会・監査役（大会社の場合，監査役会と監査役3人以上に加え会計監査人，それ以外の会社では監査役1人以上）です．なぜ株式会社は原則として5つの機関を必ず置かなければならなかったのかというと，株式会社は，他の種類の会社と比べて，大規模な事業を行うことが想定されているからです．すなわち，大規模な事業を行う以上，多額の資金が確保され，多数の出資者（株主）や会社債権者といった利害関係人が存在することが前提となっていました．多額の資金と多数の利害関係人を保護しながら，会社経営を推進していくためには，機関も重装備とならざるをえず，そのために株式会社においては5つの機関を必ず設置しなければならないとされてきました．

　ところが，実態は必ずしもそうではありません．株式会社においても，小規模で同族的家族的な会社はいくらでもあります．そういった小規模な会社からすれば，株式会社というだけで5つの機関を置かなければならないというのは，費用・手続・人材確保といった様々な面で大きな負担となっていました．また，大規模な事業を行っている会社においても，株式の譲渡制限が定められ，株主が固定していて，同族で経営を行っている会社も多数存在します．このように**株式会社においては，5つの機関を必ず置きなさいという制度（機関設計）と，実際の株式会社の規模や実態は必ずしも一致するものではなくなっていた**のです．そういった実務界の動きを背景として，会社がその実態に応じて様々な機関を置くことができるように，平成17（2005）年に商法の大改正がなされました（この時に会社法が商法から分離独立して新たな法体系として制定されました）．これ

が「機関設計の自由化」と言われるものです.

　すなわち，従来は株式会社であれば，会社の規模等に関係なく，機関設計は一律に定められていた（原則として5つの機関は必置）ものを，各会社が実態に応じた様々な機関設計が可能となるように改正されたのです．ただし，全く自由な機関設計が認められたわけではありません．どんな実態の会社であっても，株式会社であれば，**株主総会と取締役1人以上は必ず設置しなさい**ということで最小単位が設けられました．それを前提とした上で，一定の要件をみたした会社は，取締役会・代表取締役・監査役等を設置しないという選択をすることが認められたわけです．

（2）会社法において有限会社が設立できなくなった理由

　そして，会社の種類（No. 2）のところで述べましたが，会社法において有限会社が設立することができなくなった理由が，この機関設計の自由化にあります．旧商法では株式会社の場合，大規模な事業を行うことが想定されていたので，機関設計もそれに合わせて5つの機関が必置という重装備となっていました．それに対して**有限会社の場合は，小規模な事業を行うという想定**のもと，**社員総会と取締役1人以上を置けばよい**という**軽装備の機関設計**が認められていました．それが会社法によって，**株式会社において機関設計の自由化**が認められ，**株式会社においても株主総会と取締役1人以上が最小単位**とされ，それ以外の機関に関しては一定の要件をみたせば，設置しなくてもよくなりました．すなわち，会社法においては，**株式会社と有限会社の機関設計に関する最小単位が同じ**になったわけです．これが有限会社を設置できなくなった理由です．すなわち，機関設計の最小単位が株式会社と有限会社が同じになったことによって，**もはや有限会社を株式会社と別に存在させる意味がなくなった**のです．

　ただし機関設計の自由化によって，会社の実態に応じた様々な機関設計が可能となりましたが，現在でも5つの機関を設置している会社が圧倒的な多数を占めています．そこでまずは，従来からある5つの機関について説明した後，どのような機関設計が可能になったのかということについてみていきます（旧商法時代の委員会等設置会社は除く）．

52　機関総論

POINT

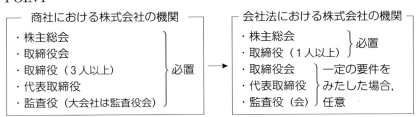

旧商法における委員会等設置会社，会社法における指名委員会等設置会社・監査等委員会設置会社は除く

16 5つの機関の役割と位置づけ

5つの機関は，三権分立と同じ思想でつくられたもの

POINT

各機関の役割と位置付け

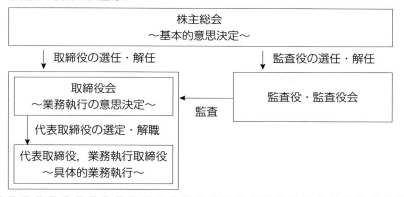

　まず会社の所有者である株主の集まりである**株主総会**において，会社の目指すべき方向性，経営の基本方針を定めます．すなわち，**会社の基本的意思決定**を行います．具体的には，定款の変更，他の会社との合併，会社の解散等様々なものがありますが，会社の基本的な意思決定の中で，**最も重要となるのは取締役や監査役の選任と解任**です．

　株主総会において選任された取締役は，**取締役会を構成**します．そして取締役会の構成メンバーとして，**取締役会を通じて**，経営に関する重要事項を決めていきます．すなわち，**業務執行に関する意思決定**を行います．また，**取締役会**は，会社の代表者，すなわち**代表取締役を選定・解職**したり，取締役会の構成メンバーである取締役は，取締役会を通じて他の取締役（代表取締役も含む）を**監視・監督する**という役割も担っています．

取締役会で選定された代表取締役は，**会社の代表者**として，対外的にも，社内的にも，取締役会で定められた経営に関する重要事項を実践していきます．すなわち，**具体的な業務執行を行っていきます**．ところが，代表取締役だけで全ての経営に関する重要事項を実践していくことは事実上不可能です．そこで代表取締役は，自分が有している業務執行権を各取締役に移譲し，この**代表取締役からの権限移譲に基づいて，各取締役は，自分の担当分野毎に具体的な業務執行を実践**していきます．

　このように経営に関する重要事項を決定する取締役会，そしてそれに基づいて経営に関する重要事項を実践していく代表取締役や取締役には，経営に関する広汎な権限が集中することになります．そして権限が集中するところには必ず濫用が生まれるというのが会社法に限らず法律の基本スタンスです．そこで**株主総会で選任された監査役**が，取締役会や代表取締役・取締役の権限の濫用を防止する，すなわち，**取締役等の業務執行を監査する**という役割を担っています．なお大会社（資本金5億円以上，あるいは負債総額200億円以上の会社）においては，監査役会及び会計監査人の設置が義務付けられています．

　以上が旧商法（平成17年の改正前）において必ず設置しなければならないとされている5つの機関の役割と位置づけです（除：委員会等設置会社）．この5つの機関設計に関しては，**日本国憲法における三権分立の思想が色濃く反映**されています．すなわち，**株主総会が国会，取締役会・代表取締役・取締役が内閣，そして監査役が裁判所に相当**します．日本国憲法が三権分立という統治制度をとることによって，国家権力を制限して国民の人権を守ろうとしているように，旧商法は株式会社に対して，原則として5つの機関を置くことを義務づけることによって，会社財産を確保し，株主をはじめとした多くの利害関係人の期待に応えていこうとしていたのです．

株主総会

17 役割
取締役会を設置していない会社においては，株主総会は株式会社の万能の機関

　株主総会は，**株式会社における基本的意思決定を行う必要的機関**です．必要的機関ですので，どんな株式会社であっても必ず設けなければなりません．また株主総会は，**株式会社の最高機関**と言われています．

　ただし，**取締役会を設置している会社と設置していない会社では，株主総会の権限は異なります**．会社法において「機関設計の自由化」が認められ，一定の要件をみたした会社，具体的には非公開会社（No. 8参照）においては，取締役会の設置は任意となりました．そして**取締役会を設置していない会社**においては，**株式総会はまさに「万能の機関」**となります．万能の機関とは，会社法に規定されている事項だけではなく，会社の組織・運営・管理その他株式会社に関する一切の事項について決議することができるということです．

　ところが**取締役会を設置している会社**においては，取締役会において，経営に関する重要事項を決定するため，**株主総会は万能の機関とは言えません**．したがって，**会社法に規定された事項及び定款で定めた事項に限り，決議する**ことができます．

　たとえば公開会社（No. 8参照）の場合は，取締役会の設置が義務付けられています．これは公開会社の場合，多数の株主が存在し，しかも株主は絶えず変動することが想定されています．それらの株主の多くは，経済的利益の追求にのみ関心をもち，会社経営に関しては興味がないのが通常です．そこで株主総会の権限を相対的に小さくして，経営の重要事項は取締役会で決議するようにしているのです（所有と経営の分離，No. 5参照）．

　ところが取締役や監査役といった会社経営の中心となる役員の選任及び解任は株主総会でしか決議できない以上，取締役会を設置している会社においても，株主総会が株式会社の最高機関であることに変わりはありません．

POINT

株主総会の役割：基本的意思決定

取締役会非設置会社の株主総会	株式会社に関する一切の事項についての会社の意思決定
取締役会設置会社の株主総会	会社法・定款に規定された事項についての会社の意思決定

18 決議事項
役員の選任・解任は，株主総会でしか決議できない

株主総会の決議事項は，4つに分類することができます．

（1）会社の基礎・事業の基本に関する事項

定款変更，合併，事業譲渡（譲受も含む），解散等がここに含まれます．

（2）株主の重要な利益に関する事項

剰余金の配当や計算書類の承認が典型的なものです．剰余金とは，会社が事業活動を行うことによって発生する利益です．会社に利益が生じた場合，株主に還元しなければなりません．

計算書類とは，貸借対照表や損益計算書等，会社法上，決算に際して作成が義務付けられている書類です．ともに会社の財産状態を表示するものですが，貸借対照表は，一定時点における会社の財産状態を示し，損益計算書は，一事業年度（1年間）に発生した収益と費用を表したものです．

（3）機関の選任・解任に関する事項

取締役や監査役・会計参与あるいは会計監査人の選任と解任です．

（4）役員の権限濫用の防止に関する事項

取締役や監査役等の報酬の決定がこれに含まれます．報酬とは，仕事（職務執行）に対する対価です．仕事に対する対価は，その人の仕事ぶりを一番よく

知っている人が決めるべきです．

　取締役の仕事ぶりを一番よく知っているのは，各取締役が集まり業務執行に関する意思決定を行う取締役会のはずです．ところが**各取締役の報酬を取締役会で決議できるとなると，自分達の報酬を自分達で決める**ということになります．この場合，**実際に行った仕事よりも高い報酬が決議される**，いわゆる「**お手盛り**」が生じる恐れができます．そうなると**会社財産が不当に流出し，会社の財産的基礎が害される恐れがあります．そこでお手盛り防止の観点から，取締役の報酬は株主総会で決議しなければならない**とされています．

　一方，監査役の報酬を取締役会で決議できるとなると，監査役は円滑な監査ができなくなります．なぜならば監査役は取締役等の業務執行を監査する，すなわち取締役が行う経営をチェックするのが役割ですが，その監査役の報酬を取締役会で決議できるとなると，監査する人の報酬を監査される人の集まり（取締役会）で決めることができることになってしまいます．これでは適正かつ円滑な監査を行うことができなくなります．そこで**監査役の取締役等からの独立性を確保するという観点から，監査役の報酬も株主総会で決議しなければならない**とされています．

　また，監査役会が設置されている会社においては，監査役会で各監査役の報酬を定めることができるとなると，取締役の報酬を取締役会で決議するのと同じ弊害が生じます．そこで監査役会設置会社においても，お手盛り防止の観点から，監査役の報酬は，株主総会で決議しなければなりません．

POINT

株主総会の決議事項

分類	具体例
会社の基礎・事業の基本に関する事項	定款変更，会社の合併，解散，事業譲渡，etc
株主の重要な利益に関する事項	剰余金の配当，計算書類の承認，etc
機関の選任・解任に関する事項	取締役・監査役・会計参与・会計監査人の選任・解任，etc
役員の権限濫用の防止に関する事項	取締役・監査役の報酬額の決定，etc

19 株主の議決権 その1

株主総会では，株主が所有している株式の数に応じて，議決権が与えられる

(1) 意　　義

　議決権とは，株主が株主総会の決議に**参加**する権利です．株式会社は，「所有と経営の分離」という原則（No. 5参照）をとっているため，会社の所有者である株主は，会社経営には直接は参画しないのが原則です．ところが株主は，株主総会で議決権を行使することによって，取締役や監査役といった機関の選任・解任等を行うことによって，会社経営に間接的に参画しています．

　そして**各株主には，自己が保有している1株について1個の議決権が与えられています**．これを「**1株1議決権の原則**」とよんでいます．**株主1人について1個の議決権が与えられているわけではありません**．したがって，多数の株式を有する株主は，わずかの株式しか保有していない株主よりも，会社に対して強い支配力をもつことになります．「所有と経営の分離」と並ぶ株式会社の基本原理として「株主平等の原則」（No. 7参照）がありますが，これは株主1人1人が平等というものではなく，その保有している株式の数と内容に応じて，各株主は平等に扱われなければならないというものです．すなわち，多くの出資をして多額の資金を会社に提供し，多数の株式を有している人が，会社の運営により強い支配力をもつことになります．

　但し，この「1株1議決権の原則」に関しては例外があります．具体的には，株式の中で，議決権制限株式（No. 61, 62参照）・自己株式・相互保有株式・単元未満株式（No. 65参照）に関しては，株主総会において議決権を行使することができません．

(2) 議決権の行使方法

〈原則〉

議決権は，株主自らが株主総会に出席し，自らの判断で行使するのが原則です．

〈例外〉

ところが，全ての株主が株主総会に出席して議決権を行使することは困難な場合が多いです．特に多数の株主が存在し，しかもそれらの株主が全国に点在する（海外に在住している株主も含む）ような大規模な会社（特に公開会社）においては，全ての株主が株主総会に出席することは事実上不可能です．そこで**株主の議決権の行使の機会を保証するために**，様々な制度が設けられています．具体的には，① **代理人による議決権の行使**，② **書面による議決権の行使**，③ **電子投票制度等**です．

① 議決権の代理公使

株主は，代理人によって議決権を行使することができます．詳細は，次のNo. 20で説明します．

② 書面による議決権の行使（書面投票制度）

全ての株式会社において，株主総会に出席しない株主が，書面によって議決権を行使することができる旨を定めることができます．それを定めることができる機関は，原則として取締役会です（取締役会を設置していない会社においては，原則として取締役）．これは会社法上，株主総会の内容（日時・場所・議題・議決権の行使方法等）は，原則として取締役会で決定することになっているからです．

ところが，**株主の数が1000人以上の株式を上場していない株式会社においては，株主総会に出席しない株主が，書面によって議決権を行使することができることとする旨を定めなければなりません**．すなわち，株主の数が1000人以上の非上場会社（会社法上の非公開会社ではありません．No. 8参照）においては，書面投票制度が強制されています．

③ 電子投票制度

全ての株式会社において，**株主総会に出席しない株主**が，パソコンや携帯電話から電子メールを送って，すなわち**電磁的方法**によって**議決権を行使する**ことができる旨を定めることができます．それを定めることができる機関は，②書面投票制度の場合と同じで，原則として取締役会です．

POINT
　議決権：1株1議決権の原則
　行使方法
　　・原則：株主が自ら株主総会に出席して議決権を行使
　　・例外：① 代理公使
　　　　　　② 書面投票制度
　　　　　　③ 電子投票制度

20 株主の議決権　その2
代理公使

株主は，株主総会において代理人によって議決権を行使することもできる

(1) 議決権の代理行使が認められている理由

株主は，代理人によってその議決権を行使することができます．その理由は主に2つあります．1つは繰り返しになりますが，株主の議決権の行使を容易にして，行使の機会を保証するためです．そしてもう1つは，株式会社の社員である株主は，「細分化された均一的な割合的単位（株式）」という抽象的な地位であるため，他の種類の会社の社員とは異なり，個性を有しないという建前を会社法ではとっているので，株主自身の出席を強制する必要もないからです．

(2) 代理人の資格を株主に限るとする定款の定めの有効性

問題となるのは，代理人の資格を制限する定めの有効性です．多くの株式会社では，定款において「代理人の資格を株主に限る」という定めを置いています．会社法においては，代理人の資格を制限することができるという規定はどこにも定められていないので問題となります．

ただ，この代理人の資格制限に関する定款の定めの有効性に関しては，裁判所が判断を下しています．最高裁判所は，「このような定款の規定は，株主総会が，株主以外の第三者によって錯乱されることを防止し，会社の利益を保護するためにでたものと認められ，合理的理由による相当程度の制限ということができる」としています．すなわち，**代理人の資格制限に関する定款の規定は有効**であるとしています．株主は株式という抽象的な地位を有しているため，その個性は問題とはならないという建前をとっていますが，現実的には，総会屋等会社にとって好ましくない株主も存在します．そういった株主が株主総会に出席して，議場が混乱させられるのを防ぐために，このような代理人の資格

を制限する定款の定めは，合理的な範囲の制限であるというのが裁判所の判断です．

代理人の資格を株主に限るという定款の定めが有効であるとした場合，次にまた問題がでてきます．それは，**その定款の規定が，株主でない代理人による議決権行使のあらゆる場面に適用されるのか**，ということです．具体的には，株主が株式会社等の場合（いわゆる法人株主），その会社が従業員等を代理人として議決権を行使した場合です．たとえば，X社が発行した株式をY社が有していた場合，X社の株主はY社自身であり，Y社の従業員Aは，厳密には株主ではありません．したがってその株主ではない代理人Aによる議決権の行使は，定款の定めに反するのではないかという問題がでてきます．

これに対しても裁判所が判断を下しています．最高裁判所は，**株主である株式会社や地方公共団体**（前述のY社）**が，その従業員や職員を代理人として議決権を行使させても，代理人の資格を株主に限るとする定款の規定には違反しない**としています．これは，**地方公共団体の職員や株式会社の従業員は，組織の一員として服従義務を負っているから，このような者を代理人として議決権を行使させても，株主総会の攪乱防止という定款の規定の趣旨に反しない**からだとされています．要は，会社や上司の命令に服する義務を負っている従業員等が代理人として議決権を行使したとしても，株主総会を攪乱させる恐れはないという判断です．また，下級審の裁判例ですが，たとえ代理人の資格を株主に限るという定款規定があっても，弁護士等であって株主総会を攪乱するおそれがない者の場合は，その人が株主でなくても，代理人として株主総会への入場を認めるべきであるとしたものもあります．

POINT
議決権の代理行使
① 代理人の資格を株主に限るとする定款の定めの有効性：有効
〈理由〉
総会攪乱防止のための合理的な相当程度の制限

② 総会攪乱の恐れがない場合，①の定款規定の定めは厳格に適用されるべきではないとするのが裁判例の判断：弁護士等であって株主総会を攪乱するおそれがない者の場合，株主でなくても議決権の代理行使を認めるべき．

21 決議方法
取締役の解任は普通決議だが，監査役の解任は特別決議

　株主総会の決議は，1株1議決権を原則として，多数決によって行われます．但し，その要件は，決議内容の重要度によって異なってきます．具体的には，**普通決議・特別決議・特殊決議**の3つの決議方法があり，定足数と決議要件の2つのハードルをみたさないと決議内容は成立しません．そして，普通決議⇒特別決議⇒特殊決議の順で，成立するための要件は厳しくなります．ここでは普通決議と特別決議について説明します．

(1) 普通決議

　普通決議は，その会社の議決権を行使することができる**株主の議決権の過半数を有する株主が出席し（定足数），出席した株主の議決権の過半数の賛成（決議要件）**で成立します．たとえば，議決権を行使することができる株式総数（原則としてその会社が発行している株式総数）が900株とした場合，定足数は451株以上となります．そして451株の株主が出席したとすると，決議要件は226株以上となります．

　普通決議の要件をみたした場合に成立する決議内容としては，剰余金の配当，計算書類の承認，取締役や監査役等の役員の選任，取締役の解任，役員の報酬等があげられます（No. 18参照）．

　なお，普通決議の定足数に関しては，定款によりその数を引き下げたり，さらには排除することもできます．実際，多くの会社が定款で定足数を排除しています．但し，**役員（取締役・監査役・会計参与）の選任及び解任**については，その地位の重要性から，定款の定めによっても，定足数は議決権を行使することができる株主の議決権の3分の1未満に引き下げることはできません．

(2) 特別決議

　特別決議は，その会社の議決権を行使することができる株主の議決権の過半数を有する株主が出席し（定足数），出席した株主の議決権の3分の2以上の多数の賛成（決議要件）をもって成立します．（1）と同じ例にした場合，定足数は451株以上，決議要件は301株以上が必要となります．このように特別決議の方が成立するための要件は厳しくなります．なお，**特別決議の定足数**に関しては，**定款において3分の1までは軽減することができます**．

　特別決議の要件をみたさなければ成立しない決議内容としては，定款変更，合併，事業譲渡，解散，そして監査役の解任等があげられます（No. 18参照）．**取締役の解任の場合は普通決議の要件をみたせば成立**しますが，同じ役員でも**監査役の解任の場合は，より要件の厳しい特別決議での承認が必要**となります．このように監査役の方が，取締役よりも解任されにくいようになっています．その理由は，取締役の業務執行を監査する監査役の地位を安定させるためです．すなわち，取締役からの監査役の独立性を確保するためです（No. 47参照）．

POINT
決議方法

種類	要件	具体例
普通決議	議決権の過半数を有する株主が出席し（定足数），出席した株主の議決権の過半数の承認（決議要件）	・剰余金の配当 ・計算書類の承認 ・取締役・会計参与・会計監査人の選任と解任 ・監査役の選任 ・取締役・監査役の報酬額の決定, etc
特別決議	議決権の過半数を有する株主が出席し（定足数），出席した株主の議決権の3分の2以上の承認（決議要件）	・定款変更 ・会社の合併, 解散, 事業譲渡, etc

22 招　　集

株主総会は，原則年に1回，事業年度終了後に開催される

（1）招集権者

　取締役会設置会社の場合，株主総会の内容，具体的には日時・場所・議題等については取締役会において決定し，代表取締役が招集するのが原則です．取締役会非設置会社の場合は，取締役が決定し招集します．但し例外的に，総株主の議決権の100分の3以上の株式を保有している株主（少数株主）も，株主総会を招集できます．この少数株主による招集に関しては，公開会社の場合，6カ月前から引き続いて100分の3以上の株式を保有している必要があります．非公開会社の場合は，保有期間に関する規制はありません．

（2）召集時期

　株主総会は，定時株主総会と臨時株主総会の2種類があり，それぞれによって招集時期は異なります．

① 定時株主総会の場合

　定時株主総会は，会社の毎年の事業年度終了後，一定の時期に招集されなければなりません．日本の場合，事業年度を4月1日～翌年3月31日として（すなわち決算期を3月末日として），その3カ月以内に定時株主総会を招集すると定款で定めている会社が多く，6月に株主総会が集中する傾向にあります．

　なぜ事業年度終了後の一定の時期に招集されなければならないのかというと，事業年度が終了することによって，その会社の財産や決算状況が確定するからです．会社の財産や決算状況が確定することによって，貸借対照表や損益計算書を作成することができ，また会社にどのぐらい利益が発生していて，それに

基づき株主にどれだけ剰余金を配当することができるのか，また取締役や監査役にどれだけ報酬を与えることができるのか，といったことが明確になるからです．そこで会社（取締役等）は，貸借対照表や損益計算書，株主への配当金，役員への報酬等に関する案を作成し，それを株主総会に提出することによって，株主の承認を得て確定させることができるようになります．

② 臨時株主総会の場合

臨時株主総会は，必要に応じていつでも招集が可能です．

（3）招　集　地

旧商法では株主総会の招集地は，定款に具体的に定めない限り，その会社の本店の所在地またはその隣接地でなければならないと定められていました．ところが会社法において，この規制が撤廃されました．すなわち現在は，株主総会は，定時株主総会であれ臨時株主総会であれ，定款に具体的に定められていなければ，どこでも招集することが可能となりました．すなわち旧商法と会社法では，原則と例外がひっくり返ったのです．

（4）株主への召集方法

株主総会を招集するには，**公開会社の場合，株主総会の日の2週間前までに，株主に対して招集通知を発送しなければなりません．**招集通知は原則として，書面によってしなければなりません．また，その招集通知は2週間前までに，各株主に発送すればよく，各株主の手元に2週間前までに到達しなければならないというわけではありません．そして2週間前までというのは，招集通知を発送した日の翌日から，株主総会の前日までの間に少なくとも2週間の日数が必要ということになります．たとえば，株主総会が6月30日に行われるとした場合，招集通知は遅くとも6月15日までに発送しなければならないということになります．

なお非公開会社の場合は，1週間前までに招集通知を発送すればよいとされ

ています．

　また，**取締役会設置会社の場合**は，**招集通知は書面**で行うことが**義務**づけられています．ただし株主の承認を得た場合は，書面に代えて電磁的方法により招集通知を発することができます．

POINT

　取締役会設置会社の場合
・取締役会が決定
　　　↓
　公開会社の場合，総会の日の2週間前までに ⎤
　非公開会社の場合，総会の日の1週間前までに⎦ 株主に発送
・招集通知は書面で行う必要あり

取締役会

23 役　　　割
取締役会は，会社のトップ（代表取締役）を解任することができる

取締役会の役割は，3つあります．

（1）業務執行に関する意思決定

まず，**経営の重要事項の決定**，すなわち，**業務執行に関する意思決定**です．会社法上は，①重要な財産の処分及び譲受（高額な不動産等の売却・購入等），②多額の借財，③支配人その他の重要な使用人の選任・解任，④支店その他の重要な組織の設置・変更・廃止，⑤内部統制システムの整備（内部統制システムとは，一口で言えば，リスク管理体制と考えられています．No. 24参照）等が定められています．ところが①の重要な財産とは，いくら以上の財産が対象となるのか，②の多額とは，いくら以上の金銭をいうのか，③の重要な使用人，④の重要な組織とはどの範囲なのか，あるいは⑤の内部統制システムとして，どのような体制を整備していくのか，そういった基準はどこにも定められていません．またこれらは，各会社の規模や業種によっても異なり，一概に共通した基準を設けることは不可能です．そこで，多くの会社が，取締役会規則という自治規則を制定し，それぞれの具体的な基準を定めています．たとえば，①でいえば，「1件10億円以上の土地・建物・機械・設備等の処分及び譲受を行う場合は，取締役会に付議しなければならない」といったように定められています．また，会社法で定められた以外の事項についても，多くの会社が定款によって，取締役会で決議しなければならないと定めています．たとえば，常務・専務・副社長といった，いわゆる役付取締役の役付の選任及び解任，取締役会規則の改正等が，定款によって取締役会で決議しなければならない事項として定められています．

（2）取締役に対する監視・監督

次に，代表取締役も含めた取締役に対する内部的な**監視・監督**，すなわち，**取締役の職務の執行の監督**です．各取締役に対する監督機能を強化するためには，各取締役がどのように業務を行っているのか，その情報が取締役会に与えられていなければなりません．そこで**各取締役は，3カ月に1回以上，自己が行っている業務の状況を取締役会に報告**しなければなりません．したがって取締役会は，少なくとも3カ月に1回は開かれなければなりません．年に4回以上開けばよいというものではないのです．

ちなみに，会社法の改正によって，指名委員会等設置会社，監査等委員会設置会社といった機関設計が認められるようになりましたが，これらは，取締役会のこの監督機能に着目し，取締役会の中心的役割を業務執行に関する意思決定ではなく，監督機能に軸足を移した機関設計です．詳細は，No. 52～56で説明します．

（3）代表取締役の選定・解職

さいごに，**会社の代表者の決定**，すなわち，**代表取締役の選定・解職**です．取締役会は，株主総会で選任された取締役の中から，代表取締役を選定しなければなりません．そしてその代表取締役を解職することもできます．取締役会は，この選定権・解職権をもって，代表取締役を監督しているということになります．

POINT
取締役会の役割
・業務執行に関する意思決定
・取締役に対する監視・監督
・代表取締役の選定・解職

24 決議事項
取締役会での代表取締役の解任は，代表権を奪うのみ

　取締役会決議事項は多岐にわたりますが，（1）**人事・組織**，（2）**資金調達**，（3）**株主総会関連**，（4）**役員等への報酬等の配分**，（5）**その他重要な業務執行**の5つの分野に分けてみてみるとわかりやすいです．取締役会の構成メンバーである代表取締役や取締役は，会社法・定款・取締役会規則において取締役会で決議しなければならないと定められたこの5つの分野の事項を決議していくことになります．具体的には，下の表の通りです．

項　目	法令に定める決議事項	定款に定める決議事項(例)	取締役会規則に定める決議事項(例)
人事	代表取締役の選定及び解職	役付取締役の選任及び解任	・重要な人事方針の決定及び変更（昇格，賞与，重要な人事政策等） ・部，次長の移動 ・取締役の部長兼任，関係会社役員との兼任
組織・規則		取締役会規則，株式取扱規則の改正	・取締役の管掌変更 ・機構，制度の制定及び改廃 ・関係会社の設立・解消
資金調達	募集株式，社債の発行		・資金運用及び為替予約の方針決定及び変更
株主総会	日時，議案等総会の概要	株主総会で決議された取締役への報酬額・退職慰労金の配分	
重要な財産の処分及び譲受			・1件〇〇円以上の土地・建物・機械・設備・営業権の譲受・処分，部門費予算の実施，死蔵品の廃却及び土地・建物の賃貸借 ・1件〇〇円以上の投融資 ・1件〇〇円以上の担保権の設定 ・1件〇〇円以上の債務の免除・寄付 ・1件〇〇円以上の債務保証

その他重要な業務執行	・会社と取締役間の取引（利益相反取引）の承認 ・取締役の競業取引の承認 ・内部統制システム整備に関する基本方針の決定 　　※（大会社のみ）		・長期計画及び年度会社方針等の設定 ・重要な対外的契約の締結（業務提携・技術提携，販売提携，債権保全に関する契約等） ・1社1回あたり〇〇円以上の製品売価及び購入単価の改定 ・重大な提訴及び応訴 ・リコール及び特別市場対策費年間1件〇〇円以上の品質クレーム

（1）人事・組織

　ここでは代表取締役の選定・解職について説明します．株主総会において取締役に選任されたものの中から，取締役会において代表取締役を選定します．そして**取締役会において代表取締役を解職**できますが，それはあくまで**代表権を奪える**というだけです．したがって，代表取締役Aは，取締役会決議において解職されても，取締役としての地位は依然として残ることになります．Aさんの取締役としての地位も奪いたければ，株主総会決議においてA取締役を解任する必要があります．

　代表取締役になるためには，取締役の地位を有していることが大前提となります．したがって，前提資格である取締役の地位が失われれば，代表取締役としての地位も自動的になくなります．

　すなわち代表取締役の首を切る方法は2つあります．1つは，取締役会決議において，その人の代表権を奪うというもの，もう1つは，株主総会決議において，前提資格である取締役の地位を奪うというものです．

　これは，代表取締役の場合だけではなく，役付取締役にもあてはまります．法律上取締役は，代表権を有している人と代表権を有していない人の2種類しかありません．ところが実際の会社組織においては，常務，専務，副社長，社長，会長といった様々な役付きの取締役が存在します．これらの役付取締役の選任及び解任も取締役会において決議できますが，それはあくまで常務，専務といった役付を付与したり，奪ったりできるだけです．したがって，B専務取

締役を取締役会決議において解任できるというのは，専務という地位を奪えるというだけで，Bさんの取締役としての地位は，株主総会において解任されない限り，存続することになります．

（2）資金調達

会社が成立した後に行う資金調達の手段の1つとして，「募集株式の発行」があります．募集株式の発行に関しては，No.72，73で詳細に説明しますが，この募集株式を発行するにあたって，いくらで何株発行するのか，株式引受人による金銭等の払込はいつまでに行ってもらうのか，そういった**募集事項**は，**公開会社の場合**，原則として**取締役会で決議**します．また，同じく資金調達の手段として「**社債の発行**」（No.75参照）があり，これも取締役会決議事項です．

（3）株主総会関連

株主総会を招集するにあたって，**取締役会設置会社**においては，取締役会において**日時，場所，議題**等の内容を決定します．

（4）各取締役への報酬等の配分

繰り返しになりますが，報酬とは職務執行の対価です．職務執行の対価である以上，報酬・賞与・功労金等の名称の如何をとわず，支払方法のいかんも問いません．そしてある人の報酬を決めるにあたっては，その人の仕事ぶりを一番よく知っている人が決めるのが本来の姿です．取締役の職務執行を一番よく知っているのは取締役会です．ところが取締役会が各取締役の報酬を決めることができるとなると，いわゆる「お手盛り」となり，会社の財産的基礎が害される恐れがでてきます．そこで，取締役の報酬は，定款で定められていない場合は，株主総会で決議しなければならないと定められています（No.18参照）．

ところが取締役の報酬を株主総会で決議しなければならない理由がお手盛り防止ということであるならば，**全ての取締役の報酬の総額（上限）を株主総会**

で定めておけば，その総額の枠内で，各取締役にいくら配分するかということに関しては，取締役会で決議しても問題はないということになります．また，現実問題としても，各取締役の報酬を株主総会において，個別に定めるというのでは，各取締役としても自分の報酬が株主に知られてしまうことになってしまいます．

そこで，**株主総会決議において取締役全員の報酬の総額のみを定めて，各取締役に対する報酬の配分は取締役会に一任することは許される**というのが裁判所の判断です．そして大半の会社がその方法をとっています．なお，取締役の退職慰労金も，取締役の報酬にあたるというのが裁判所の判断です．

（5）その他重要な業務執行

① 利益相反取引，競業取引の承認

利益相反取引・競業取引に関しては，No. 30, 31 で詳細に説明しますが，一口で言うと，**利益相反取引**とは取締役が会社との間で行う取引，**競業取引**とは取締役が会社とライバル関係に立つような取引です．どちらの取引も，形式的外形的には，取締役が得をして会社が損をするという図式が考えられる取引です．したがってこのような取引を無制限に認めると，会社の財産的基礎が害される恐れがでてきます．そこで取締役がこのような取引を行う場合には，**事前に取締役会の承認**（取締役会を設置していない会社の場合は，株主総会の承認）をえなければならないと定められています．

② 内部統制システムの整備

大会社における取締役会設置会社においては，**取締役会において内部統制システムを整備することが義務付けられています．**

内部統制システムとは，正確な用語としては，「取締役の職務の執行が法令及び定款に適合することを確保するための体制そのた株式会社の業務並びに当該株式会社及びその子会社から成る企業集団の業務の適正を確保するために必要なものとして法務省令で定める体制の整備」とされています．**内部統制システムとは，一口で言うと，コンプライアンス体制を含めたリスク管理体制です．**

取締役会

POINT

取締役会設置会社の場合,
- 取締役の報酬の決定は株主総会決議事項だが,各取締役への報酬の配分は取締役会で決議できる
- 取締役が利益相反取引・競業取引を行うにあたっては,事前に取締役会の承認が必要となる
- 大会社が取締役会において整備しなければならない「内部統制システム」とはコンプライアンス体制を含めたリスク管理体制

25 議決権と決議方法
取締役会では，取締役1人に1個の議決権が与えられる

（1）議決権

　取締役会の構成メンバーである各取締役には，取締役会で経営に関する重要事項を決議するにあたり，1人につき1個の議決権が与えられています．すなわち，「**1人1議決権**」です．株主総会においては，株主の議決権は1株1議決権が原則ですが，**取締役会の場合は，取締役の頭数で決める**ことになります．

　この1人1議決権との関係で問題となるのは，「**取締役会の決議が可否同数の場合は議長が決する**」という定款の規定の効力です．裁判所は，このような規定を定款に記載しても，その規定の効力は無効であるとしています．なぜならこの規定が有効だとすると，取締役会において議長（一般的には代表取締役社長）に対してのみ，2個の議決権が与えられることになるからです．たとえば，取締役が6人の会社が全員出席した取締役会において，経営に関するある重要事項を行うかどうかを決議するにあたって，賛成が議長を含めた3人，反対が3人となったとします．この場合，可否同数にあたるので，議長が決めることができるとすると，議長は再び賛成に票を投じることができます．このように議長にのみ議決権を2個与えるということは，1人1議決権の原則に反するため認められません．このような場合は，各取締役は取締役会で議論を尽くして，どちらか一方が相手方を説得して，過半数の賛成を得なければならないということになります．

（2）決議方法

　取締役会の決議は，株主総会と同様に，定足数と決議要件というハードルをクリアーしなければ，決議事項は成立しません．具体的には，**取締役の過半数**

が出席し（定足数），出席取締役の過半数の賛成（決議要件）で成立します．たとえば，ある会社の全取締役が6人とした場合，最低4人（過半数）が出席して，その内の3人（過半数）の賛成で成立することになります．

　そして**取締役会決議はこの方法1つしかありません**．株主総会の場合，その決議方法は決議の内容の重要度に応じて，普通決議・特別決議・特殊決議に分けられていますが，取締役会の場合は，そのような区別はありません．

　また**取締役会決議における定足数と決議要件は，いずれも定款をもってしても軽減したり，排除したりすることはできません**．これも株主総会決議とは異なるところです．株主総会の場合，定足数に関しては，定款によって，普通決議は軽減・排除，特別決議は3分の1まで引き下げることができるのが原則です．取締役会においてそれができない理由としては，主に2つあります．最大の理由は，取締役会の構成メンバーである取締役は，1人1人の個性が重視されているということです．したがって，1人でも多くの取締役が取締役会に出席して，経営に関する重要事項について議論を尽くすことが予定されています．もう1つの理由としては，取締役会は，全国に点在する株主を招集するという株主総会の場合と違って，定足数を欠くことによって決議ができなくなったとしても（流会），比較的簡単に再び招集することができるからです．

　このように取締役会決議の定足数や決議要件を定款によって排除したり軽くすることはできませんが，逆に定足数や決議要件を定款によって厳しくすることは認められています．

POINT
　取締役会決議
　　・1人1議決権（株主総会の場合，1株1議決権）
　決議方法
　　・取締役の過半数が出席し（定足数），出席取締役の過半数の賛成（決議要件）で成立
　　　　　　↓
　　株主総会のように普通決議・特別決議といった区別はない

（3）株主総会との相違点

前述の通り，取締役会は株主総会と比べ，1人1議決権，決議方法は普通決議・特別決議・特殊決議といった区別はないという違いがありますが，それ以外にも重要な違いがあります．

		株主総会	取締役会
① 書面決議・持ち回り決議		○	△
② 議決権の代理行使		○	×
③ 特別利害関係人の議決権行使		○	×
④ 招集通知	時期	公開会社：2週間前まで 非公開会社：1週間前まで	1週間前まで (定款で短縮も可能)
	書面 or 口頭	公開会社：書面 非公開会社：口頭でも可	口頭でも可

① 書面決議・持ち回り決議

株主総会の場合，全ての株式会社において，株主総会に出席しない株主が，書面や電磁的方法によって議決権を行使することができる旨を取締役会で定めることができます．そして株主の数が1000人以上の会社においては，株主総会に出席しない株主に対して，書面による議決権の行使ができる旨を定めることが強制されています．

取締役会の場合，取締役が提案した議題（決議の目的事項）について，取締役の全員が書面または電磁的記録により同意した場合は，その議題を可決する取締役会決議があったものとみなす旨を，定款で定めることができます．但し，監査役がいる会社においては，監査役がその提案に対して異議を述べた場合は認められません．

② 議決権の代理行使

株主総会の場合，株主は，代理人によって議決権を行使することができます．ところが**取締役会の場合は，代理人による議決権の行使は認められていません．**取締役が病気や海外出張等，やむを得ない事由によって出席できない場合も同

様です．

これは，取締役はその個人的な手腕や能力を信頼されて選任されており，取締役自らが取締役会に出席して，意見を述べ，決議に参加することが要求されているからです．

③ 特別利害関係人の議決権行使

株主総会の場合，決議について特別な利害関係を有する株主も，株主総会において議決権を行使することができます．ところが**取締役会の場合は，決議について特別の利害関係を有する取締役は，議決に加わることができません**．

これは，**特別な利害関係を有する取締役は，その決議において公正な議決権**を行使することが期待できないからです．問題となるのは，どのような者が特別利害関係人にあたるかです．これについては会社法上列挙されておらず，解釈にゆだねられるしかありません．取締役が利益相反取引や競業取引を行う場合には取締役会の事前承認が必要となりますが，この承認を受ける取締役，あるいは取締役が会社と訴訟を行う場合，会社代表者を取締役会で選定決議をする際に，その会社と訴訟を行う取締役が特別利害関係人にあたることについては，異論はありません．また，代表取締役の解職決議におけるその代表取締役も特別利害関係人にあたるとするのが，裁判所の判断です．ところが代表取締役選定決議における選任の対象となった代表取締役は，特別利害関係人にはあたらないとされています．

なお，特別利害関係を有する株主が決議に参加することによっても，株主総会の決議の公正が害される恐れがあるのは，取締役会の場合と同様のはずです．ところが株主総会の場合は，特別利害関係を有する株主が議決権を行使することによって，著しく不当な決議がなされた場合は，事後的な措置として，「株主総会決議取消の訴え」という類型の訴訟が会社法上用意されているため，特別利害関係を有する株主も，株主総会において議決権を行使することができるとされています．

④ 招集手続

株主総会を招集する場合は，公開会社においては原則として 2 週間前までに，

株主に対して招集通知を発送しなければなりません（非公開会社においては1週間前まで）。そして招集通知は，原則として書面で行わなければなりません（取締役会非設置会社においては口頭でも可能）。

　取締役会を招集する場合は，原則として1週間前までに，各取締役に対して，そして監査役がいる場合にはその監査役に対しても**通知を発しなければなりません**。ところが，この期間は定款で短縮できますし，通知は書面ではなくて口頭でも可能です。

POINT

　取締役会では代理人による議決権の行使はできない
　特別利害関係人とされ，取締役会決議において議決権を行使できない取締役
　　・会社との間で利益相反取引や競業取引を行う取締役
　　・代表取締役の解職決議における対象となる代表取締役
　取締役会の招集は，1週間前までに各取締役に通知を発送
　　但し，定款で期間短縮ができ，口頭でも可能

取締役

26 意　　義
取締役とは，株主から会社の経営を任せられた人

　取締役と株式会社の関係は，**委任の関係**です．取締役と会社は，民法上の委任契約で結ばれています．会社，すなわち**株主が委任者**，**取締役が受任者**です．株主は取締役に何を委任しているのかというと，**会社の経営**です．どうやって委任しているのかというと，株主総会における選任と解任を通してです．すなわち，株主総会での選任が「あなたに会社の経営をお任せします．よろしくお願いします」という意思表示であり，一方，株主総会での解任が「あなたに経営をお任せしましたが間違いでした．もうあなたにはこの会社の経営はしてもらわなくていいです」という意思表示です．そして取締役だけではなく，執行役・監査役・会計参与・会計監査人と会社の関係も，委任の関係です．

　これに対し，部長・次長・課長・係長・一般の平社員といった**従業員と会社の関係**は，**雇用の関係**です．従業員と会社は，労働法上の雇用契約で結ばれています．**会社が使用者**（雇主），**従業員が使用人**（被用者）です．

　委任契約における受任者と雇用契約における使用人の決定的な違いは，**裁量権の有無**です．委任契約における受任者は，**広汎は裁量権を有しています**．したがって**株主から会社の経営を委任された取締役は，自分の思い通りに経営を行うことができるのが原則**です．それに対して雇用契約における使用人には，裁量権はありません．従業員はあくまで使用者である会社の指揮命令にしたがって，業務を行っていくのが原則です．

　このように取締役と従業員では，契約上の地位が大きく異なることから様々な形でその扱いに違いがでてきます．たとえば，取締役は株主総会普通決議の要件さえみたせば，理由の如何を問わず解任されることになります．なぜなら委任契約とは，委任者の受任者に対する信頼があって初めて成り立つものだからです．したがって委任者の受任者に対する信頼が失われれば，委任契約は白紙に戻されることになります．これが株主総会決議における取締役の解任です．

したがって取締役は，法令や定款に違反した場合に限って解任されるというわけではありません．これは監査役や会計参与・会計監査人といった他の受任者の場合も同様です．それに対し従業員は，理由の如何を問わず解雇されるなんてことはありません．会社の指揮命令にしたがって業務を行っているのに，気に入らないから解雇されるというのでは安心して仕事に打ち込めなくなります．従業員は，会社の名誉を著しく傷つけるような刑事事件等をおこした場合に，会社の就業規則に則って解雇されることになります．

そして，受任者である取締役には経営に関する広い裁量権が与えられていますが，それに伴って，従業員には定められていない特別の義務と責任が課せられています．強い権限を有する人は，その分，重い義務と責任を負うことになります．

具体的には，まず義務としては，委任契約における受任者としての善管注意義務，会社法上定められている忠実義務，それに加えて，利益相反取引規制，競業取引規制（競業避止義務）といった特別の義務が定められています．また責任としては，法令・定款違反によって会社に損害を与えた場合，会社に対して損害賠償責任を負うことになります．この義務と責任の内容に関しては，No. 29〜36で詳細に説明します．

POINT

会社と取締役の関係：委任の関係

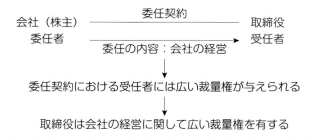

27 資格・員数・任期
取締役会設置会社においては，取締役は3人以上，任期は2年が原則

(1) 資　　格

① 欠格事由
　会社法が定める欠格事由が存在する人は，取締役にはなれません．たとえば，会社や地方公共団体といった**法人は**，発起人にはなれますが，**取締役にはなれません**．取締役になれる人は，生身の人間すなわち自然人に限られます．これは，取締役はその人の個人的手腕を信頼されて選任されるからです．すなわちその人の個性が重視されるためです．

　それ以外にも**成年被後見人や被保佐人も取締役にはなれません**．これらの人は精神上の障がいを有し，様々な行為を行うことが制限されているため，会社財産の管理・運営にあたる取締役にはふさわしくないからです．

② 定款による制限
　公開会社（No. 8参照）の場合，取締役になれる人を株主に限定することを定款で定めることはできません．株式を自由に譲渡できる公開会社においては，株主は頻繁に変動し不特定多数であることが通常です．また対外的には大規模な事業を行うことが想定されています．したがって所有と経営の分離（No. 5参照）が要求されます．そこで社会から広く能力のある人材を求めることができるようにする必要があるからです．

　ところが全ての株式の譲渡が制限されている**非公開会社の場合は**，「**取締役は株主の中から選任しなければならない**」旨の規定を定款に定めることは認められています．非公開会社においては，株主は固定されており，その株主が取締役さらには代表取締役になって経営を行うというケース，すなわち所有と経営が一致しているケースが多いからです．このような会社においては，社会か

ら広く能力のある人材を募集しなければならないというのでは，かえって不都合な状況が生じるからです．

（2）員　　数

取締役の員数に関しては，取締役会を設置している会社とそうでない会社で異なります．

取締役会設置会社においては，**取締役は3人以上でなければなりません**．取締役会という会議体において多数決を行う以上，取締役は最低3人以上必要ということです．一方，**取締役会非設置会社**においては，**取締役は1人以上いれば問題ありません**．

（3）任　　期

取締役の任期は，原則として**選任後2年以内に終了する事業年度のうち最終のものに関する定時株主総会終了の時まで**とされています．定款または株主総会決議において，この会社法で定められた任期を短縮することはできますが，伸長することはできないのが原則です．

ところが非公開会社においては，定款によって，**選任後10年以内に終了する事業年度のうち最終のものに関する定時株主総会終了の時まで，取締役の任期を伸長する**ことができます．

このように公開会社と非公開会社において取締役の任期の規定が大きく異なるのは，公開会社は所有と経営の分離，非公開会社は所有と経営の一致が想定されているからです．所有と経営が分離していることが多い公開会社においては，委任契約の受任者である株主の信任をその都度確認する必要があるのに対して，所有と経営が一般的には一致している非公開会社においては，株主の信任を何度も得ることは，かえって無意味だからです．

POINT

資格　定款による制限
　・公開会社においては,「取締役は必ず株主の中から選任しなければならない」という定めを定款で規定することはできない

員数
　・取締役会設置会社：3人以上
　・取締役会非設置会社：1人または2人以上

任期
　・公開会社：選任の日から2年以内
　・非公開会社：定款で定めれば,選任の日から10年まで伸ばすことが可能

28 取締役の権限濫用を防止するための規定

取締役は，いつでも理由の如何を問わずに株主総会で解任できる

　会社（株主）と取締役の関係は委任の関係であり，取締役は委任契約における受任者として，株主から委任された経営に関する広い権限が与えられています．そして権限が集中するところには必ず濫用が生まれるというのが法の建前です．その視点から，会社法においても，取締役の権限濫用を防止するための様々な規定が用意されています．ここではその内，以下の5つについてみていきます．

（1）解　　任

　取締役は，株主総会決議において，原則として，いつでも理由の如何を問わず**解任**できます．委任契約（関係）は，委任者・受任者双方の信頼関係のもとに成立し，存続します．したがって，委任者である株主が受任者である取締役に対して信頼を失ってしまえば，時期や理由を問わずに委任契約を消滅させることができる，すなわち解任できるのです．ただし，任期満了前に正当な理由がないのに解任された取締役は，会社に対して，解任によって生じた損害の賠償を請求することができます．ここまでは取締役だけではなく，監査役・会計参与・会計監査人も同様です．

　そして**取締役の解任は，株主総会の普通決議**によって行うことができます．同じ役員である監査役の解任は，株主総会特別決議でなされることと比較すると，取締役の方が監査役よりも緩やかな要件のもとで解任することができるというわけです．

(2) 報　　酬

　取締役の報酬は，定款に定めがない場合は，取締役会設置会社においても株主総会決議によって決められます（No. 18 参照）．
　職務執行の対価である報酬を，取締役の仕事ぶりを一番よく知っている取締役会で決定するのではなく，あえて株主総会で決議しなければならないと定められているのは，自分達の報酬を自分達で決めることによる「お手盛り」の弊害を防止するためです．

(3) 特別の義務と責任

　取締役に与えられている広い権限に伴って，取締役には様々な特別の義務と責任が課せられています．その具体的な内容に関しては，No. 29～35 で詳細に説明します．また，違法行為をなし，会社に損害を与えた取締役に対する責任追及を実効あらしめるために，株主による責任追及の制度（株主代表訴訟，No. 36 参照）が設けられています．

(4) 監査役による監査

　取締役は，監査役による監査を受けることになります．監査とは，取締役が法令・定款・株主総会決議事項等を遵守して，経営を行っているか否かをチェックすること，すなわち，「経営のチェック」です．その具体的な内容に関しては，No. 42～45 で詳細に説明します．

(5) 取締役会による監督

　取締役会は，「取締役の職務執行を監督する」という役割ももっています．監査役による監査が外部的な機関によるチェックとすると，この取締役会による監督は内部的なチェックということになります．

会社法においては，監査役という別の機関による外部的なチェックと取締役会による内部的なチェック，この2つのチェックシステムを通じて，取締役の行動を牽制しています．近年では取締役会のこの監督機能に着目して，その機能を十分に生かすべく，「指名委員会等設置会社」，「監査等委員会設置会社」といった機関設計が用意されています（No. 52～56参照）

POINT

　会社と取締役の関係：委任の関係
　　　　　　　↓
　受任者である取締役には経営に関する広い裁量権（権限）が与えられている
　　　　　　　↓
　権限の濫用を防ぐために，会社法上様々な規定が用意されている
　　・いつでも理由の如何を問わず解任できる
　　・「お手盛り防止」のため取締役会決議ではなく，株主総会決議で報酬は定められる
　　・特別の義務と責任が課されている
　　・監査役による監査，取締役会による監督を受ける

---

29 取締役の一般的義務
取締役は，上司（代表取締役）を監視・監督する義務もある

取締役の一般的義務としては，以下の3つがあります．

（1）善管注意義務

取締役は，会社（株主）との間で委任契約を結んでいるため，取締役と会社の間では民法上の委任契約の規定が準用されます．民法の**委任契約の場合，受任者には「善管注意義務」という義務**が課せられており，**受任者である取締役も，当然にこの善管注意義務を負う**ことになります．善管注意義務とは，「善良なる管理者としての注意義務」ですが，これは，個人の主観的な能力にかかわらず，一定の地位にある人に，一般的に要求される程度の注意義務です．すなわち，取締役としての地位にある人には，その地位に応じた一般的な注意義務が課せられることになるということです．

（2）忠実義務

忠実義務とは，会社法上，取締役に課せられた義務です．その内容としては，**取締役は，法令・定款・株主総会決議事項を遵守して，会社のために，忠実にその職務を行わなければならない**，というものです．

このように取締役には，民法上の善管注意義務と会社法上の忠実義務が課せられていますが，どちらも抽象的で，かつどのように違うのかがはっきりしません．そこでこの善管注意義務と忠実義務の関係については，様々な見解があり，争われてきました．争点としてはこの2つの義務は，同じ義務なのか（同質説），異なる別々の義務なのか（異質説），そのどちらなのかということです．これに対して**裁判所は，この2つの義務は同じ義務，同質のものであると判断**

しています．すなわち，「会社法上の忠実義務とは，民法上の善管注意義務をより明確に注意的に規定したものに過ぎず，善管注意義務とは別個の高度な義務ではない」と述べています．

（3）監 視 義 務

会社法に具体的な定めはありませんが，裁判所は，「取締役は，監視義務を負っている」と述べています．**取締役の監視義務とは，取締役が他の取締役の職務執行を監視する義務**をいいます．

具体的には，最高裁判所は，「株式会社の取締役会は会社の業務執行につき監督する地位にあるから，取締役会を構成する取締役は，会社に対して，取締役会に上程された事柄についてだけ監視するにとどまらず，代表取締役の業務執行一般について，これを監視し，必要があれば取締役会を自ら招集し，あるいは招集することを求め，取締役会を通じて業務執行が適正に行われるようにする職務を有するものと解すべきである」と述べています．すなわち**取締役は，自身に代表権があるか否かにかかわらず，代表取締役や他の取締役の行為が法令や定款を遵守して，適法かつ適正に職務を執行しているかどうかを監視する義務**を負っています．

POINT

取締役の一般的義務
・善管注意義務：委任契約における受任者の義務として民法上定められた義務
・忠実義務：取締役は，法令・定款・株主総会決議事項を遵守して忠実にその
　　　　　　職務を行わなければならないという会社法上定められた義務
・監視義務：代表取締役も含めて，取締役相互において監視しなければならな
　　　　　　いという判例上の義務

30 取締役の特別の義務　その1
利益相反取引規制
取締役が会社からお金を借りる場合は，取締役会の承認が必要

　取締役は，会社との利害が衝突する取引，具体的には，利益相反取引や競業取引を行う場合には，事前に取締役会（取締役会を設置していない会社の場合は株主総会）の承認を得て，取引実施後に速やかにその内容について，取締役会に報告しなければなりません．

（1）利益相反取引の意義

　利益相反取引とは，取締役と会社の利益が相反する取引，すなわち，**取締役が自己または第三者の利益を図って，会社に不利益を及ぼすおそれのある取引**をいいます．実務的には，**取締役が，個人としてまたは他社を代表して，自社との間で行う取引**のことです．具体的には，以下のような取引です．
〈取締役が個人として自社との間で行う取引〉

　1）取締役が，会社から財産を有償または無償で譲り受ける場合
　2）取締役が，会社から金銭の貸付を受ける場合
　3）取締役が，会社から金銭を借り，その金銭の返還を免除してもらう場合

　この1）～3）の取引に共通していることは，個別の事情は考慮せずに外形的に判断すると，**取締役が得をして，会社が損をするという図式が成り立つ**ということです．このような取引が自由に認められると会社の財産が不当に流出してしまう，すなわち会社の財産的基礎が害される恐れがあります．そこで**取締役がこのような取引を行う場合には，事前に取締役会**（取締役会非設置会社の場合は株主総会）**の承認を得なければならない**とされています．

〈取締役が他社を代表して自社との間で行う取引〉

　4）取締役が，他社の代表取締役を兼任していて，その取締役が他社を代表して自社と取引を行う場合

　実務上，最も問題となるのがこのケースです．たとえば，Aが代表取締役のX社とBが代表取締役のY社が売買を行う場合，Y社の代表取締役Bは，取引の相手方であるX社の取締役を兼任していたとします．この場合，Y社の代表取締役Bは，Y社の利益を優先しようとするのは当然です．ところが同一人物であるBが取引の相手方であるX社の取締役として存在しているため，X社の利益が害される恐れがあります．すなわち，Y社の代表取締役Bは，Y社の利益を優先して，X社の利益を犠牲にするおそれがあります．そこでこの取引を行う場合は，X社の取締役会の事前承認が必要となります．

POINT

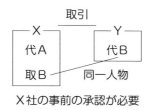

X社の事前の承認が必要

　では取引を行うX社とY社の代表取締役がともにAという場合はどうでしょうか．この場合，X社の代表取締役Aは，X社の利益を優先するのは当然，一方Y社の代表取締役Aは，Y社の利益を優先するのは当然ということになります．そうなるとX社，Y社どちらの利益が優先され，どちらの利益が害されるのかはっきりしなくなります．そこでこのような取引を行う場合は，X社，Y社双方の取締役会の承認が必要となります．

POINT

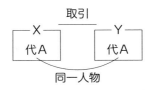

X社，Y社双方の事前の承認が必要

　以上の1）〜4）の取引は，全て取締役と会社間の直接の取引です．ところが利益相反取引に関する規制は，**直接取引**だけではなく，**取締役と会社間の間接取引**についても**適用**になります．

　間接取引の典型的なケースとしては，取締役の債務を担保するために，会社が保証人になるという場合です．この場合，取締役と会社との間で取引が行われるわけではありません．たとえば取締役Aは，金融機関であるYから金銭の貸付を受け，会社Xは，金融機関Yとの間で保証契約を結ぶことになるからです．ところがこの場合，取締役Aが借りた金銭をYに返済できない場合は，X社が代わりに弁済しなければなりません．したがって，ここでも取締役が得をして会社が損をするという図式がでてきます．このような取引が自由に行われると会社の財産的基礎が害される恐れがあるのは，直接取引の場合と全く同じです．そこで**間接取引の場合においても，取締役は，事前に取締役会の承認が必要**という規制を受けることになります．

POINT

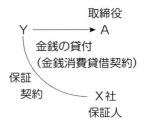

（2）規制内容

利益相反取引を行う場合，取締役は，事前に取締役会（または株主総会）の承認を得て，事後に速やかに取締役会（または株主総会）にその取引内容を報告しなければなりません．

POINT
利益相反取引
定義　会社と取締役の利害が衝突し，会社に不利益を生じるおそれのある取引
規制　事前：取締役会（または株主総会）の承認
　　　事後：取締役会（または株主総会）へ報告

（3）取締役会での承認を得るうえでの留意点

取締役が会社と取引を行う場合には，利益相反取引として，取締役会または株主総会の事前の承認が必要となりますが，承認を得るうえでの留意点は以下の通りです．

1）取引を行う前に，取引の重要な事実，具体的には，取引の相手方・取引内容・金額・実施時期等を示して，承認を得る必要があります．
2）継続的な取引の場合は，期間や取引限度額を定めて，包括的な承認を得る必要があります．
3）利益相反取引を行う取締役は，承認を得るための取締役会決議には参加できません．その取締役は，特別利害関係人にあたるからです（No. 25参照）．

なお，たとえば取締役が会社から金銭を借りるような場合であっても，個別の事情を考慮すると，会社に損害が発生する恐れがない場合もあるかもしれません．ところが利益相反取引に該当するかどうかの判断においては，そのよう

な個別具体的な事情は考慮されません．**利益相反取引かどうかは，あくまで行為の外形から形式的に判断されます．**したがって，取締役が会社と何らかの取引を行う場合，行為の外形から形式的に判断して，取締役が自己の利益を優先して，会社の利益を害する恐れがあれば，次に述べる（4）の場合を除いて利益相反取引に該当し，取締役会または株主総会の事前の承認を得なければなりません．

（4）会社との取引でも承認を要しないケース

取締役が会社と取引を行う場合に，なぜ取締役会または株主総会の承認を得なければならないのかというと，それは会社と取締役の利害が衝突し，会社の利益が害される恐れがあるからです．それを防止するというのがこの規制の趣旨です．そうなると，たとえ取締役が会社との間で取引を行う場合であっても，形式的・外形的に判断して，取締役の裁量の余地がはたらかず，会社の利益を害する恐れがないような取引の場合には，このような規制を受ける必要はありません．したがって，次の1）〜4）のような場合は，会社の利益が害される恐れがないため，取締役会や株主総会の承認を得る必要はありません．

1）取締役が，会社に対して自己の財産を無償で贈与する場合
2）取締役が，会社に対して金銭を無利息かつ無担保で貸す場合
3）従業員と同一の条件・基準に基づく社宅の提供等，普通取引約款による取引の場合
4）取締役が他社を代表して自社との間で行う取引において，取締役が代表取締役を兼任している100％子会社と取引を行う場合

たとえば，上の4）の場合におけるX社・Y社間の取引であっても，Y社がX社の100％子会社の場合は，X社の取締役会の事前の承認は不要となります．これは，親会社からみて100％子会社は，親会社と経済的に同一と考えられており，親会社の利益が害される恐れはないと考えられているからです．

POINT

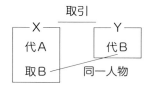

Y社がX社の100％子会社の場合，X社の事前の承認は不要

（5）承認を得ずに行った利益相反取引の効力

　取締役が，取締役会または株主総会の承認を得ずに行った利益相反取引は無効です．ただ，会社は，その取引が無効であることを，善意の第三者には対抗（主張）できないというのが裁判所の判断です．すなわち会社は，取引を行った取締役ではなく，第三者に対して，その取引は無効であるということを主張するためには，その第三者が，その取引は取締役会の承認を得る必要があったということ，そしてそれにもかかわらず取締役会の承認が得られていないということについて悪意であった（知っていた）ということを主張・立証しなければなりません．会社は，その取引が無効であるということを善意の第三者に対抗できないのは，一口で言うと，取引の安全のためです．すなわち，承認を得ずになされた利益相反取引がどんな場合でも無効であるとすると，会社と取締役間で行われたその取引が有効であると信じて，取締役との間で新たな取引関係に入った第三者の利益を害することになるからです．

POINT
　取締役会（または株主総会）の承認をえずに行った利益相反取引の効力：原則無効

31 取締役の特別の義務　その2　競業取引規制

取締役が会社と競合する取引を行う場合も会社の承認が必要

（1）競業取引の意義

競業取引とは，取締役が，個人として，または他社を代表して行う，自社の事業と競合する取引のことです．取締役と会社の利害が衝突するという点においては利益相反取引と同じです．ところが利益相反取引と異なる点としては，利益相反取引とは，取締役が会社と取引関係にたつというものであるのに対して，競業取引とは，取締役が会社とライバル関係にたつというものです．典型的なケースとしては，A が代表取締役の X 株式会社と B が代表取締役の Y 株式会社が，同一または類似の商品を同一市場の取引先に販売するような場合で，Y 株式会社の代表取締役 B が，X 株式会社の取締役を兼任している場合です．

POINT

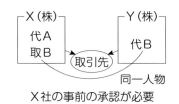

X社の事前の承認が必要

（2）規制内容

取締役が会社とライバル関係にたつような取引が自由に認められると，取締役が自分の利益を優先して，会社の利益を犠牲にするという恐れがでてきます．具体的には，取締役が会社の顧客を奪ってしまうといったケースです．このよ

うなことが自由に認められると，会社の財産的基礎が害される恐れがあります．そこで**取締役がこのような取引を行う場合には，事前に取締役会または株主総会の承認を得る必要があります．そして取引を実施した後に，速やかに取締役会または株主総会に，その取引の内容を報告しなければなりません．**

前述の例でいうと，Y株式会社の代表取締役Bは，Y社の利益を優先するのは当然ですが，同一人物のBがY社のライバル会社であるX社の取締役を兼任しているため，X社の利益が害される恐れがでてきます．そこでこの場合は，X社の取締役会または株主総会の事前の承認が必要となってきます．

（3）承認を得るうえでの留意点

利益相反取引の場合と同じです．

（4）承認を要しないケース

取締役が行っている取引が，会社の事業と市場において実質的に競合しない場合に関しては，取締役会または株主総会の承認を得る必要はありません．具体的には，次の1）～4）のような場合がこれに該当します．

1）営業地域が異なる場合
2）市場において流通段階が異なる場合（たとえば，会社が卸売商で，取締役が小売商の場合）
3）事業内容に類似性がない場合（たとえば，同じ自動車販売であっても，会社が乗用車の販売，取締役が産業車両の販売を行っているような場合）
4）会社と同一の地域・流通段階・事業内容を行っている他社の代表取締役を兼任している場合でも，その他社が会社の100％子会社の場合

（5）承認を得ずに行った競業取引の効力

利益相反取引の場合と異なり，**取締役が，取締役会または株主総会の承認を**

得ずに**競業取引**を行ったとしても，その**取引は有効**です．なぜならば競業取引の規制は，会社財産を守るために取締役を対象とするものだからです．そして取締役が行った競業取引の相手方は会社とは無関係であり，規制の対象外です．したがって，取締役が承認を得ずに行った競業取引の効力を否定して，取締役と取引を行った相手方に不利益を与えることはできないからです．この場合，**取引の相手方が，取締役が自社の承認を得ずに競業取引を行ったことを知っていた（悪意）としても，その取引は有効**です．

ただし，**承認を得ずに競業取引を行って，会社に損害を与えた取締役に対しては，会社は損害賠償責任を追及できます**．

POINT
競業取引
・定義　取締役が行う自社の事業と競業する取引
・規制　利益相反取引と同様
・取締役会（または株主総会）の承認をえずに行った競業取引の効力：有効

32 取締役の責任 その1
取締役が会社に損害賠償責任を負う要件は，任務懈怠＋過失

（1）責任の種類

　取締役が負う責任としては，まずは2つに分けることができます．それは，民事上の責任と刑事上の責任です．**民事上の責任とは損害賠償責任**であり，**刑事上の責任とは懲役・罰金等の処罰を受ける**ことです．
　次に民事上の損害賠償責任は，**会社に対する責任と第三者に対する責任**に分けられます．この内，取締役の責任に関してよく問題となるのは会社に対する責任です．そこで，会社に対する責任に的を絞ってみていきます．

（2）会社に対する損害賠償責任

① 会社法に定める取締役の責任に関する規定

　会社法において取締役の責任は，「**任務懈怠責任**」に統合されています．すなわち，**取締役に限らず，監査役・会計参与・執行役という役員及び会計監査人**（これを全て含めて会社法では「役員等」としています）は，その任務を怠ったときに，会社に対して，それによって生じた損害を賠償するというものです．ところが，役員等に任務懈怠があったからといって直ちに責任が発生するというものではなく，原則として過失が必要であり，例外的に，無過失の場合でも責任を負う（無過失責任）というように定められています．
　ところが，どういう場合に役員等に任務懈怠があったということになるのか，任務懈怠のあった役員等に過失があったということをどうやって証明するのか，また任務懈怠につき過失がなくても役員が責任を負う場合とはどういう場合なのか，さらには役員等が会社に対して損害賠償責任を負うこととなった場合，賠償しなければならない損害額とはいくらなのか，こういったことが具体的に

問題となります．ここでは，取締役がどういう行為をした場合に任務懈怠があったといえるのか，その場合，過失があったということをどのように証明するのかについて説明します．

② どういう場合に役員等に「任務懈怠があった」ということになるのか

まず任務懈怠とは，債務不履行（契約違反）の一種です．会社と役員等は委任契約で結ばれています．**取締役は，委任契約における受任者として，法令・定款・株主総会決議事項を遵守して，忠実にその職務を行うという任務**（忠実義務）**を負っています．したがって，取締役が法令・定款違反の行為を行った場合は，その任務を怠った**，すなわち，「任務懈怠があった」ということになります．

③ **任務懈怠があったことに伴う過失の証明**

次に任務を怠ったことについて過失があったかどうかが問題となります．ところが債務不履行の場合は，過失に関しては契約違反をした者，すなわち債務者が立証（証明）責任を負うことになります．すなわち，債務者自身が債務を履行しなかったことについて，「過失がなかった」ということを立証（証明）しなければなりません．なぜならば，「契約は守られなければならない」という信義則上の大原則があるからです．したがって，**任務懈怠も債務不履行に含まれる以上，任務を怠った取締役が，そのことについて「過失がなかった」ということを立証（証明）しなければなりません．そして過失がなかったということを取締役が立証できない場合，その取締役には任務懈怠について過失があったということになり，その取締役は，会社に対して損害賠償責任を負うことに**なります．すなわち，**過失の立証責任は取締役が負う**ことになります．

なお，代表取締役を含めた取締役以外の監査役・執行役・会計参与および会計監査人（役員等）が法令・定款違反行為を行った場合も，「任務懈怠があった」ということになり，そのことについてその役員等が「過失がなかった」ということを立証できない場合，その役員等には任務懈怠について過失があったということになり，その役員等も会社に対して損害賠償責任を負うことになります．それについてはそれぞれの章でみていきます．

このように取締役が会社に対して損害賠償責任を負うためには，任務懈怠に基づく過失責任が原則ですが，それを前提として，次に取締役が法令違反を行った場合の会社に対する責任をみていきます．「法令違反」とは，1）具体的な法令違反の場合と，2）一般的注意義務違反の場合に分けて考えると理解しやすくなります．

POINT
・取締役の責任
　　┬ 民事上の責任（損害賠償責任）──┬ 会社に対する責任
　　│　　　　　　　　　　　　　　　　└ 第三者に対する責任
　　└ 刑事上の責任（刑事上の処罰）
・会社に対する損害賠償責任
　① 任務懈怠：取締役が法令・定款違反行為を行った場合
　　　＋
　② 過失：任務を怠ったこと，すなわち①について取締役に過失があった場合
　　　　　　　　↓
　　　　　取締役に立証責任がある（取締役自身が任務懈怠について
　　　　　過失がなかったということを立証しなければならない）
　①及び②の要件をみたした場合，取締役は会社に対して損害賠償責任を負う

33 取締役の責任 その2
経営判断に失敗して会社に損害を与えたとしても，取締役は責任を負わなくてもよい場合がある

（1）具体的法令違反の場合

具体的な法令違反というのは，善管注意義務等の一般的な注意義務に関する法令ではなく，「～してはいけない」，「～しなければならない」といったように，ある行為を具体的に禁止したり，規制している法令に違反した場合です．そしてここでいう「法令」には，会社法で定められているものだけではなく，他の法令も含むとするのが裁判所の判断です．

したがって取締役は，取締役会または株主総会の承認を得ずに利益相反取引や競業取引を行ったり（利益相反取引・競業取引規制違反），会社に利益（剰余金）が発生していないのに株主に配当を行ったり（違法配当），総会屋に金品を与えたり（利益供与）といった会社法上の規定に違反した場合だけではなく，独占禁止法で違法行為とされているカルテルや金融商品取引法で違法行為とされているインサイダー取引等を行った場合も，具体的な法令違反をおかしたことになり，それによって生じた損害について会社に対して賠償責任を負うことになります．

（2）一般的注意義務違反の場合

一般的注意義務違反とは，取締役が(1)のような具体的な法令に反した場合ではなく，**善管注意義務や忠実義務**といった**一般的な注意義務に反した**場合です．別の言い方をすると「経営判断ミス」があった場合です．ところが，会社の経営には一定のリスクを伴います．したがって取締役に完全で正確な経営判断を常に要求するのは困難です．たとえば新規事業や海外進出が常に成功するとは限りません．それにもかかわらず，経営判断に誤りがあれば，取締役は常に善

管注意義務違反等を問われ，損害賠償責任を負うということになれば，取締役は過度に萎縮してしまうことになります．

そこで，たとえ取締役の経営判断が会社に損害を与える結果になったとしても，その判断が誠実かつ合理的になされた場合には，善管注意義務違反のような一般的注意義務違反にはならないという考え方を裁判所はとっています．このような考え方のことを「経営判断の原則」とよんでいます．具体的には，「経営判断の前提となった事実の認識について不注意な誤りがなかったかどうか，またその事実に基づく意思決定の過程が通常の企業人として著しく不合理なものはなかったかどうかによるべき」というものです．

すなわち，取締役がある経営判断を行うにあたって，1）十分な事実関係の調査，2）取締役会等での十分な審議，3）それに基づく合理的な経営判断，この3つがなされていれば，たとえ結果として会社に損害が発生したとしても，その経営判断に関与した取締役は，会社に対して損害賠償責任を負わないというのが裁判所の考え方です．

POINT
・取締役が法令違反により会社に責任を負うケース
　　① 具体的法令違反（会社法違反だけには限らない）
　　② 一般的注意義務違反（経営判断ミス）
・取締役が経営判断に失敗して会社に損害を与えたとしても，責任を負わなくてもよいケース
　　① 十分な事実関係の調査
　　② 取締役会等における十分な審議
　　③ ①・②に基づく合理的な経営判断
　①〜③を行った場合は，結果として会社に損害が発生したとしても，取締役は会社に対して損害賠償責任を負わない〈経営判断の原則〉

34 取締役の責任　その3
具体的法令違反

利益相反取引の直接取引を自己のために行った取締役や
総会屋に金品を供与した取締役は，無過失でも責任を負う

（1）利益相反取引規制違反

　取締役が自己または第三者のために，会社と取引を行ったり（**直接取引**），または取締役の債務を会社が保証するといったような取引，すなわち会社取締役間の直接の取引ではないが，会社と取締役の利益が衝突する取引（**間接取引**）によって，**会社に損害が発生した場合，対象となる取締役は，任務懈怠が推定されます．** たとえ**取締役会または株主総会の承認を得てこれらの取引を行った場合でも同様**です．この場合，任務懈怠が推定される取締役とは，以下の者です．

　　1）直接取引または間接取引を行った取締役
　　2）会社がその取引を行うことを決定した取締役
　　3）その取引に関して取締役会決議で賛成した取締役

　推定されるのは「任務懈怠」であって，「過失」ではありません．ところが任務懈怠は債務不履行の一種ですから，「過失」は元々取締役に立証責任があります（No. 32参照）．したがって，**任務懈怠が推定された取締役は，「過失がなかった」ということも，自ら立証しなければ責任は免れません．**

　また，**利益相反取引のうち，1）の直接取引を自己のために行った取締役は，無過失責任を負うことになります．** したがって，**直接取引を自己のために行った取締役は，任務を怠ったことについて「過失がなかった」ということを立証できたとしても，責任を負うことになります．**

　これは，自分のために直接利益相反取引を行って利得を得た者は，過失の有無にかかわらず，その利得を返還させようという趣旨によるものです．そして**賠償額は，いずれの場合も，利益相反取引の結果，会社が被った損害額**です．

（2）競業取引規制違反

　取締役が，自己または第三者のために会社の事業の部類に属する取引，すなわち**競業取引**を取締役会または株主総会の承認を得ずに行った場合，「**任務懈怠**」が**推定**され，「**過失がなかった**」ということを自ら立証しなければ，責任を免れません．そして，その競業取引によって取締役が得た**利益**が，会社に発生した**損害額**と**推定**されます．したがって，取締役の得た利益の額が立証されれば，それが会社に生じた損害額として，その額の賠償を取締役に追及することができます．一方取締役は，自分が得た利益よりも会社に生じた損害の額の方が少ないことを立証できれば，その少ない額を賠償すればよいことになります．

　なお，取締役が競業取引を取締役会または株主総会の承認を得て行ったとしても，その取引によって会社に損害が発生した場合には，**責任を免れることはできません**．ただ，会社の承認を得て競業取引を行った場合は，損害額の推定がはたらかないというだけのことです．

POINT

　取締役がその任務を怠り，会社に損害を生じさせたときは，会社に対して損害賠償責任を負う

　　　　　　↓

　この責任は過失責任だが，利益相反取引の直接取引を「自己のためにした場合」，その取締役は「無過失責任」を負うことになる．

（3）違法配当

① 意義

　株式会社は，株主に対して，剰余金の配当ができます．剰余金とは，いわゆる会社に対して発生した利益です．そして剰余金の株主への配当は，株主総会

普通決議で認められます．ところが剰余金があったとしても，その全てを株主配当に回すことができるわけではありません．会社財産を確保するという観点から，一定の財源規制，すなわち株主に分配できる範囲（分配可能額）が定められています．

ところが**分配可能額を超えて剰余金を配当した場合**，あるいはそもそも**分配可能額がないのに剰余金を配当した場合**は，**違法配当**（実務的には「タコ配当」とよばれています）となり，**会社法違反**となります．

② 取締役の責任

違法配当議案を株主総会に提出した取締役及び株主総会にその議案を提出することについて取締役会において賛成した取締役は，会社に対して，**損害賠償責任**を負います．賠償額は，**株主に対して違法配当としてなされた金額**です．

ただし，これらの者が，その職務を行うにあたって注意を怠らなかった，すなわち「過失がなかった」ということを証明した場合には，会社に対する損害賠償責任を免れることになります．このように違法配当も，原則通り過失責任ですが，立証（証明）責任はやはり取締役にあります．

（4）利益供与

① 意義

会社法は，「株式会社は，何人に対しても，株主の権利の行使に関して，財産上の利益を供与してはならない」と定めています．この規定は，総会屋の活動を防止して，株主総会の活性化を図るためです．総会屋とは，一口で言うと，会社の弱みにつけこんで会社に対して金品を要求する，いわゆるゆすり・たかりを常習にしている者です．具体的には，ある会社の不正や取締役の不祥事等をかぎつけた場合，その会社の株主となって，「このことを総会で表ざたにされたくなければ，誠意を示せ」，「総会を無事に終了させたければ要求に応じろ」といったあの手この手を使って，会社に揺さぶりをかけてきます．

このように**総会屋**が，株主総会において株主としての権利を行使すること，またはその権利を行使しないことの対価として，金品を要求するような行為を

することを防止しようという趣旨で定められたのが，冒頭の「利益供与の禁止」規定です．ただし，「何人に対しても」と定められているため，相手が総会屋でなくても，さらには株主でなくても，会社が株主の権利の行使に関して財産上の利益を供与した場合は，この規定に反することになります．そして，**会社が無償で財産上の供与をした場合は，株主の権利の行使に関して財産上の利益を供与したものと推定**されます．相手方から会社に対して対価が提供された場合（有償の場合）は，原則としてこの推定は受けませんが，財産上の利益供与の禁止に該当しないわけではありません．

② **取締役の責任**

「利益供与」に関与した取締役は，会社に対して損害賠償責任を負います．**賠償額は，供与した利益の価額に相当する額**です．ところが利益の供与に関与した取締役の中で，利益を供与した当の取締役とそれ以外の取締役とでは，責任を負う要件が異なります．**利益を供与した当の取締役は，任務を怠ったことについて過失がなかったとしても**（会社法上は，「責めに帰することができない事由による場合であっても」と定められています），**責任を免れることはできません**．すなわち，**「無過失責任」**を負うことになります．それに対して，**それ以外で利益の供与に関与した取締役は，その職務を行うにあたって注意を怠らなかった，すなわち「過失がなかった」ということを証明した場合には，会社に対する損害賠償責任を免れる**ことになります．すなわち，**「過失責任」**を負うことになります．

POINT
- 違法配当 ① 違法配当議案を株主総会に提出した取締役
　　　　　② 株主総会にその議案を提出することについて ⎫ 過失責任
　　　　　　　取締役会で賛成した取締役　　　　　　　　⎭
- 利益供与 ① 総会屋に利益の供与をした取締役—無過失責任
　　　　　② 利益供与に関与した①以外の取締役—過失責任

35 責任を負う取締役の範囲
取締役は,自分が違法行為をしなくても連帯して賠償責任を負う場合がある

　法令・定款違反を実際に行って会社に損害を与えた取締役が,会社に対して損害賠償責任を負うのは当然ですが,その行為が取締役会等の決議に基づいてなされた場合には,その決議に賛成した取締役も連帯責任を負うことになります.したがって,**その決議に賛成した取締役も,任務懈怠とそれについての過失が認定されれば,その行為をした取締役と同一の責任を負う**ことになります.ところが取締役会は,株主総会とは異なり,外部の人がその議事運営について知ることは困難です.したがって取締役会におけるある議題について,どの取締役が賛成し,どの取締役が反対したのかということを立証することには困難が伴います.そこで会社法は,「**取締役会の決議に参加した取締役で,取締役会議事録に異議をとどめない者は,その決議に賛成したものと推定する**」という規定を置いています.

　これによると,たとえば,ある会社の取締役会において,代表取締役社長が「あの総会屋にこれ以上,株主総会を攪乱されたくないから,金品を提供して黙っていてもらおう」と提案したとします.この社長の提案は,株主の権利行使に関する利益供与にあたり,会社法違反の行為です.この場合,取締役Aは,「法令違反はまずい.しかし社長が言う以上,従わざるをえない.」と考え,内心は反対だが賛成を表明したとします.また取締役Bは,「法令違反はまずい.しかし社長が言う以上,面と向かって反対はできない」と考え,内心は反対だが,賛成も反対もせずに,保留したとします.また別の取締役Cは,「これは法令違反だからダメだ」と考え,反対を表明したとします.ところが反対をしたということ,すなわち異議を述べたことが取締役会議事録に記載されていなかったとします.このような場合,前述の取締役A・B・Cは,すべて利益供与に関する決議に賛成したものと推定されます.あるいは,代表取締役が取締役会に提出した議案について,構成メンバーである他の取締役が何も意思

を表明しなかった場合も，その決議に賛成したものと推定されます．

　もちろん「推定」であるため，取締役会議事録に異議をとどめた旨の記載のない取締役が，自分がその決議に反対したということを立証できれば，責任を免れることができます．ところが会社内部においてその決議に参加した取締役しか知りえない取締役会の機密性を考えた場合，この立証は極めて困難と言わざるをえません．このように会社法は，**取締役の会社に対する責任は**，**連帯責任**であると定めています．

POINT
　責任を負う取締役
　・法令・定款違反を行って，会社に損害を与えた取締役
　・その行為が取締役会等の決議に基づいてなされた場合，その決議に賛成した取締役

　　　　　　　　　↓

　その決議に参加して，取締役会議事録に異議をとどめていない取締役は，その決議に賛成したものと推定される．

---

36 責任追及の方法　株主代表訴訟

株主代表訴訟は，違法行為をした取締役に対する責任追及の最後の砦

(1) 考え方

　違法行為をして会社に損害を与えた取締役は，会社に対して損害賠償責任を負います．ところが会社が責任を追及しない限り（損害賠償請求訴訟を提起しない限り），違法行為をした取締役が自ら進んで会社に対して損害賠償をすることは，まず考えられません．では会社の中で違法行為をした取締役に対して，誰が責任を追及するのでしょうか．監査役が設置された会社であれば，監査役が責任追及するのが本来の職務です．ところが役員同士の仲間意識や馴れ合いといった特殊な事情から，監査役あるいは他の役員による責任追及が期待しがたい場合がでてきます．そのような場合，誰も責任を追及しないということになると，いつまでたっても会社に損害が発生したままということになり，会社の財産的基礎が害される恐れがでてきます．

　そこで，**違法行為によって会社に損害を与えた取締役に対して，会社内の誰も責任を追及しない場合，その取締役に対する責任追及のための最後の砦**として会社法が設けた制度，それが**株主代表訴訟**です．

(2) 意義

　株主代表訴訟とは，会社が違法行為をした取締役・監査役・執行役・会計参与・会計監査人（役員等）の責任を追及しない場合，会社の所有者である株主が，会社に代わって，その役員等の責任を追及する制度です．

(3) 手　　続

　株主は，原則としていきなり株主代表訴訟を起こせるわけではありません．まずは，① **会社（原則として監査役）に対して書面等によって，「違法行為をした取締役を訴えろ」と提訴請求**を行わなければなりません．この請求は，何株以上の株式を保有している株主だけができるというわけではなく，**株主であれば誰でもできます**．いわゆる株主権の中の「**単独株主権**」です（No. 59, 60参照）．ただし，**6カ月前から引き続きその会社の株式を保有している株主でなければ認められない**という保有期間の要件はあります．なお非公開会社の場合は，この「6カ月前から」という保有期間の要件もありません．
　そして，② **株主から提訴請求を受けたにもかかわらず，会社がその日から60日以内にその取締役に対して責任追及の訴えをしない場合，請求した株主は，株主代表訴訟を起こすことができます**．なお会社は，株主から提訴請求を受けたにもかかわらず，60日以内に責任追及の訴えを起こさない場合は，その請求をした株主からの要求があれば，その株主に対して，責任追及の訴えを提起しない理由を書面等で通知しなければなりません．
　株主代表訴訟は，株主権の中の監督是正権に含まれるもので，その中の単独株主権です．監督是正権に関しては，No. 60で詳細に説明します．

(4) 多重代表訴訟

　平成26年の改正によって，**多重代表訴訟制度**が新設されました．この制度は，**一定の要件をみたす完全親会社の株主が，完全子会社の役員等の責任を追及する訴えを起こすことができる**というものです．すなわち親会社の利益を保護するため，親会社の株主が，親会社ではなく，子会社の役員の責任を追及することのできる制度です．
　これは近年，持株会社を中心とするグループ経営が急速に普及しており，子会社の不祥事や経営不振が企業グループ全体に大きな悪影響を及ぼす場合が少なくないことを背景として，親会社による子会社の監督を強化する必要がある

という観点から認められたものです．裏を返せば，親会社の子会社に対する監督機能が弱いという問題が意識されていたということです．特に子会社の管理・支配を目的とした持株会社の場合，業務や経営の中心は子会社にあり，その子会社が親会社である持株会社の完全子会社の場合は，その子会社の株主は，持株会社だけということなります．このような中で，株主である持株会社の子会社に対する監督機能がはたらかないということになると，子会社による不祥事が頻発する可能性が高いということが指摘されていました．このようなリスクに対応するために導入されたのが，この多重代表訴訟という制度です．

POINT

・意義
　法令・定款に違反して会社に損害を与えた取締役に対し，会社が責任を追及しない場合，会社の所有者である株主が会社に代わってその取締役の責任を追及することができる制度

・手続

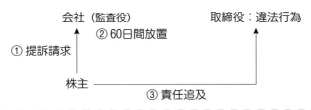

代表取締役

37 意義，選定と解職，会社との関係
取締役の地位を失うと，代表取締役ではなくなる

(1) 意　義

　代表取締役は，対外的には会社を代表して，内部的には取締役会の決議等に基づいて，具体的な業務執行を行う会社の機関です．

　取締役会を設置している会社においては，指名委員会等設置会社（No. 52 参照）を除いて，代表取締役は必ず置かなければならない機関です．ところが取締役会を設置していない会社においては，代表取締役を置くかどうかは任意です．代表取締役を置いていない会社においては，各取締役が会社の業務を執行するとともに，会社を代表します．

　なお，代表取締役＝社長ではありません．法律上，取締役には，代表権を有する取締役と代表権を有しない取締役の 2 種類しかなく，社長・副社長・会長・副会長・専務・常務といった名称は，それぞれの会社が内部的に定めた職制上の名称に過ぎません．したがって，社長以外の肩書を有する人でも，取締役会決議によって代表権が与えられることがあります（No. 24 参照）．

(2) 資　格

　代表取締役になるためには，前提として取締役でなければなりません．取締役以外の人を代表取締役とすることはできません．

(3) 選定と解職

① 取締役会設置会社の場合
　代表取締役の選定と解職は，ともに取締役会決議によってなされます．ただ

し解職に関しては，あくまで**代表権を奪う**だけです（No. 24 参照）．この場合，その人の取締役としての地位は，存続します．ところが**株主総会で前提資格である取締役の地位が解任された場合は，代表取締役の地位も自動的に失われる**ことになります．これは，任期満了・辞任・欠格事由の発生などによって，代表取締役が取締役の地位を失った場合も同様です．

② 取締役会非設置会社の場合

取締役会設置会社以外の会社においては，代表取締役を置くことはその会社の任意ですが，この場合でも，Ⅰ定款，Ⅱ定款の定めに基づく取締役の互選，Ⅲ株主総会決議のいずれかによって，取締役の中から代表取締役を定めることができます．

一方，代表取締役の解職は，株主総会決議によります．

（4）会社との関係

会社と代表取締役の関係については，会社法上，定められていません．ところが会社と代表取締役の関係も，取締役や監査役といった役員等と同様に，委任の関係であると考えられています．これは，代表取締役は前提資格として取締役であることが必要であり，その取締役は，株主総会決議における選任または解任を通して，その地位が決められるからです．したがって**代表取締役も，委任契約における受任者**として，会社の所有者である**株主**から，間接的に会社の経営を任せられた人ということになります．

委任契約における受任者である以上，会社に対して善管注意義務を負うことになります．そうなると**法令・定款に違反したり，不正な行為をすることによって会社に損害を与えた場合には，「任務懈怠」となり，それについて過失がなかったことを代表取締役自身が立証できない限り「過失」も認定され，その場合には，会社に対して損害賠償責任を負う**ことになります．

POINT
資格：前提として取締役でなければならない

38 権　　限
代表権に制限を加えても，善意の第三者には対抗できない

　代表取締役は，対外的にも対内的にも，業務執行権を有します．この内，**対外的な業務執行権が代表権**です．

（1）意　　義

　代表とは，**代表取締役の行った行為は，対外的には，会社が行った行為とみなされる**ということです．すなわち，代表取締役が行ったその行為によって，**法律上の権利や義務**（法律上の効果）が会社に生じる（帰属する）ことになります．たとえば，X株式会社の代表取締役Aが，Y株式会社から商品を購入した場合，X社を買主，Y社を売主とする売買契約が成立することになります．売買契約が成立することによって，X社はY社に対して，「購入した商品を引き渡せ」と主張できます．すなわちX社は，目的物引渡請求権という債権を有することになります．一方，Y社はX社に対して，「購入した商品の代金を支払え」と主張できます．すなわちX社は，代金支払義務という債務を負うことになります．

POINT

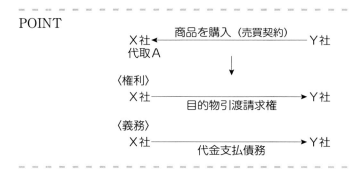

（2）包括的・不可制限的な性質

代表取締役の代表権は，株式会社の業務に関する一切の裁判上または裁判外の行為をすることのできる包括的なものです．裁判上の行為とは，訴えを起こしたり（訴えの提起），訴えを取り下げたり，裁判上和解をするといった訴訟行為をいいます．裁判外の行為とは，売買，賃貸借等の契約を締結するといった取引行為全般をさします．

不可制限的とは，その代表権を会社内部で制限したとしても，代表権について制限がなされているということを知らない第三者（善意の第三者）に対しては，その制限を主張（対抗）できないというものです．したがって，定款，取締役会規則，取締役会決議などによって，その代表権を制限したとしても，会社は，その制限がなされているということを知らない善意の第三者に対しては，「代表取締役の代表権は取締役会規制で制限しているので，代表取締役はそのような取引を行う権限を有していない．したがって，この取引は無効だ」と主張（対抗）することはできません．たとえば，（1）の例で，X株式会社が取締役会規則で「1億円以上の取引を行う場合には，取締役会決議が必要」と定めていたとします．ところがX社の代表取締役Aは，取締役会決議を経ることなく，Y社との間で2億円の商品を購入する取引を行った場合，Y社がそのような制限がなされていることを知らなかった場合には，X社はY社に対して，「Aは取締役会決議を経ずにその取引を行った．これは制限に反しているので，Aの行ったこの取引は無効だ」とは主張できません．したがって，X社Y社間において，X社を買主，Y社を売主とする売買契約が成立することになります．

（3）会社と取締役間の訴えにおける代表権の制限

前述の通り，代表取締役は，裁判上の行為についても会社を代表します．ところが会社が取締役に対して，あるいは取締役が会社に対して訴えを提起する場合には，代表取締役は代表権を有しません．たとえば，監査役設置会社にお

いては，その会社が，ある取締役を訴える場合も，その会社がある取締役から訴えられる場合にも，**監査役が会社を代表**して，**訴訟行為**を行うことになります．これは，代表取締役が会社を代表して，自社の同じ業務執行機関である取締役と訴訟行為を行うということになると，馴れ合い訴訟の恐れがあるからです．それに対して監査役は，取締役や代表取締役の職務執行を監査する役割を担っており，会社法上，取締役からの独立性が確保されているため，より適切な訴訟対応ができると期待されているからです．

POINT
代表取締役の代表権：包括的・不可制限的性質

表見代表取締役 その1
表見代表取締役とは，代表権がないのに社長・副社長といった名称を有する人

(1) 意　　義

　代表取締役のした行為は，会社の行為とみなされます（No. 38参照）．したがって，X株式会社の代表取締役AがY株式会社との間で，2億円の商品の売買契約を締結し，商品を購入した場合，その契約によって生じる商品の引渡請求権や代金支払債務といった債権債務，すなわち売買契約による法律上の効果は，X社に帰属します．それに対して，X社の代表権のない取締役BがX社を代表して，Y社から商品を購入するという売買契約を締結したとしても，その契約の法律上の効果は，X社に帰属しないのが原則です．

　ところが，社長や副社長という名称は法律用語ではありませんが，通常の会社であれば，代表権のある取締役であることが一般的です．そのため実務上は，X社の取締役Bが社長という肩書を有していれば，その取引の相手方Y社は，BがX社の代表権をもっているはずだと信じて取引をします．そのように信じて取引をしたのに，Bに代表権がなければ，X社との契約の成立が否定される（無効）ということになると，取引の相手方Y社は，思わぬ不利益を受けることになります．

　そこで取引の安全の観点から，社長や副社長といった名称を会社から与えられた人を代表取締役と誤信して取引をした相手方は，その人に代表権が与えられていなかったとしても，一定の要件をみたした場合には保護されるという制度が設けられています．これが「**表見代表取締役**」の制度です．すなわち，会社は，代表取締役以外の取締役に，社長や副社長といったその会社の代表権を有すると認められるような名称を与えた場合，その取締役（表見代表取締役）が行った行為について，その取締役に代表権がないことを知らなかった善意の第三者に対して，「その取締役には代表権がないので，その取締役が行った行為は，

会社とは関係ない」とは主張（対抗）できないというものです．前述の例では，X社は，取引の相手方Y社に対して，「取引を行ったBには代表権がないのだから，当社はその取引とは関係がない．だから当社はこの商品を買ったということにはならないので，代金は支払わない」とは主張できず，売買契約は成立することになります．したがって，X社は，この売買契約に基づいてY社に対して，Bが購入した商品の代金を支払わなければならないということになります．

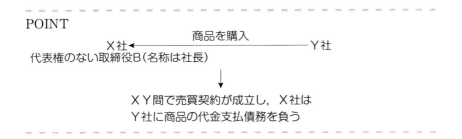

このように**表見代表取締役の制度**とは，取引の相手方を保護するために（取引の安全のために），**真実と見た目の外観が異なる場合には，見た目の外観通りに権利関係を処理していく**というものです．このような考え方を「**外観法理**」とよんでいます（他にも，「表見法理」，「表見責任」，「禁反言の法理」等様々な名称で呼ばれています）．裏を返せばこの法理は，**まぎらわしい外観を作った者はその外観通りの責任を負え**というものです．表見代表取締役の制度は，この外観法理の1つです．

外観法理に基づいて，第三者が保護されるための要件は以下の通りです．

（2）要　件

1) 真実とは異なる外観の存在〈虚偽の外観の存在〉
2) 真実と異なる外観が存在することに対する本人の帰責性
　〈本人の帰責性〉
3) 真実と異なる外観に対する第三者の信頼
　〈第三者の外観への信頼〉

この3つの要件をみたした場合，第三者は保護されます．この3つの要件が表見代表取締役制度においてどのような場合にみたされることになるのか，すなわち取引の相手方が保護されるための要件，裏を返せば，会社が責任を負うための要件を次のNo. 40で具体的にみていきます．

POINT
　表見代表取締役：外観法理
　　　　　　　　　　〔要件〕
　　　　　　　　　　・虚偽の外観の存在
　　　　　　　　　　・本人の帰責性
　　　　　　　　　　・第三者の信頼
〔法律上の効果〕
　まぎらわしい外観を作ったものに外観通りの責任を負わせる

40 表見代表取締役 その2
代表権がない取締役に社長という肩書を使用することを認めた会社は責任を負う場合がある

（1）表見代表取締役制度によって取引の相手方が保護されるための3つの要件

① 虚偽の外観の存在

その取引を行った代表権のない取締役が，社長・副社長その他会社を代表する権限を有すると認められるような名称を使用していることが必要です．

② 本人の帰責性

表見代表取締役制度の場合，本人とは会社です．すなわち，**会社が代表権のない取締役に対して，社長・副社長といった代表権があるかのような名称を使用することを認めた場合に，「会社に帰責性がある」**ということになります．代表権があるかのような名称を使用することを認めたとは，会社が代表権のない取締役に対して，社長といった名称を使用することを積極的に許容した場合だけではなく，代表権のない取締役がその名称を使用しているのを知っていながら，消極的に黙認していた場合も含まれます．したがって，**消極的に黙認した場合も，「会社に帰責性がある」**ということになります．「消極的に黙認」した場合とは，たとえば，代表権を有していない取締役が，名刺に社長といった代表権があるかのような肩書を書き込んで，それを使用しているという事実を知りながら，会社がそれを放置していたような場合です．

ところが，**代表権のない取締役が社長等の名称を勝手に使用して，会社もそのことを知らなかったような場合は，会社に帰責性はありません．**したがってこの場合は，会社に責任は生じず，会社は取引の相手方に対して，その取引（契約）は無効であることを主張（対抗）できます．

③ 第三者の外観への信頼

　表見代表取締役制度の場合，第三者とは，その代表権のない取締役と取引を行った相手方です．取引の相手方が，代表権があるかのような名称を使用している取締役に代表権がないことを知らなかった（善意），そして知らなかったことについて重大な過失がなかった，すなわち「善意無重過失」であることが必要です．したがって取引の相手方が，その名称を使用している取締役に代表権がないことを知っていた（悪意），あるいは知らなかったが，ちょっと気を付ければすぐにわかった（重過失）という場合は，その第三者は保護されず，会社に責任は生じません．

　この3つの要件をみたした場合，取引の相手方は保護されます．裏を返せば，この3つの要件をみたした場合，会社は責任を負います．すなわち会社は，取引の相手方に対して，その取引（契約）は無効だと主張（対抗）することができず，その取引によって生じた債務を負うことになります．

（2）取締役ではない会社の使用人に代表権があるような名称を使用していた場合の会社の責任

　表見代表取締役の規定は，会社が，代表権がない「取締役」に代表権があるかのような名称を使用させた場合に適用されます．したがって，取締役以外の使用人に，そのような名称を使用させた場合には，適用されないのが原則です．すなわち，取締役でない会社の使用人，たとえばある部長が，社長・副社長といった代表権があるかのような名称を使用して取引を行ったとしても，会社は責任を負わないはずです．

　ところが裁判所は，取締役ではない会社の使用人が，その会社の代表取締役の了承の下に，「常務取締役」の名称を使用して金銭の借り入れをした事案について，表見代表取締役の規定を類推適用して，会社の責任を認めています．これは，表見代表取締役という制度は，代表権があると信じた取引の相手方を保護して取引の安全を図ることが目的であるため，代表取締役と誤認されるような名称を使用していることが問題であって，その名称を使用している者が，取締役かどうかという点は重要ではないからです．

POINT

代表権を有しない人に社長といった代表権を有するような肩書を与えた会社が責任を負うための要件

一般的要件	表見代表取締役制度
虚偽の外観の存在	代表権のない取締役が社長といった代表権を有するような名称を使用して取引を行った
本人の帰責性	代表権のない取締役に対して，社長といった代表権を有するような名称を使用することを会社（本人）が認めた
第三者の信頼	代表権を有するような名称を使用している取締役に代表権がないことを取引の相手（第三者）が知らず（善意），そのことについて重大な過失がなかった（無重過失）

監査役・監査役会

41 監査機関　総論
取締役の権限濫用を防止するため3つのチェック機関がある

　株式会社の経営は，法令・定款・株主総会決議事項を遵守して，適正な経営判断の下に行われる必要があります．一方，会社は一定の事業を行うために設立された営利法人であり，事業によって利益を生み出すことが求められます．利益を生み出すためには，効率的な経営が求められます．すなわち会社は，適法性と効率性を同時に兼ね備えた経営を行わなければなりません．

　ところが経営を担っている取締役等は，利益の追求を重視するあまりに，あるいは私利私欲のために，時としてその権限を濫用し，法令・定款等に違反した経営を行って，会社に損害を与えることがあります．

　これを防ぐために，すなわち取締役等の権限の濫用を防止するために，取締役等の業務執行をチェックする制度が定められています（No. 28参照）．具体的には，（1）**株主による監督**，（2）**取締役会による監督**，そして（3）**監査役等の監査機関による監査**の3つです．ここではまず，この3つのチェック機関の関係について説明します．

（1）株主による監督

　会社の所有者である株主は，株主総会における取締役の選任・解任等に関する議決権を行使したり，あるいは株主代表訴訟による違法行為をした取締役等の責任追及を行うといった行為（No. 36参照）を通じて，取締役の行動を監督する権限が与えられています．

　ところが大多数の株主は，会社の経営には興味がなく，剰余金の配当等自己の経済的利益を求めており，株主に対して常に経営の監視を期待することには無理があります．

(2) 取締役会による監督

取締役会にも，代表取締役を含めた取締役の職務の執行を監督する役割と機能が与えられています（No. 23，28参照）．ところが取締役が上司である代表取締役を監督するというのは現実的には困難であり，さらに取締役どうしの仲間意識や馴れ合いといった特殊事情から，これも必ずしも十分な成果は期待できません．

(3) 監査機関による監査

このように，①株主による監督，②取締役会による監督というチック機能が現実的にはあまり期待できないとなると，取締役等の業務執行者の権限濫用により，法令・定款違反が生じ，会社の財産的基礎が害され，最悪その会社は倒産するということにもなりかねません．

そこでそのような事態を防ぐために，会社法は，**取締役等の業務執行機関とは別のチェック機関の設置を義務づけています**．それが**監査役，監査役会，会計監査人，監査委員会，監査等委員会**といった**監査機関**です．

ここではまず監査役について説明していきます．

POINT

取締役等業務執行機関の権限濫用を防止するための3つのチェック機関

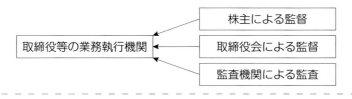

42 監査役　総論
監査役は，株主から取締役等が行う経営のチェックを任せられた人

(1) 意　義

　監査役とは，取締役の職務の執行を監査する人です．**監査**とは，取締役が法令・定款・株主総会決議等を遵守して経営を行っているかどうかをチェックすることです．すなわち監査とは，一口で言うと，**経営のチェック**です．
　旧商法の下では，監査役は委員会等設置会社（現在の指名委員会等設置会社）を除いたすべての株式会社において必ず設置しなければならない機関とされてきました（必要的機関）．ところが会社法においては，会社の規模や実情に応じた合理的な会社の運営を可能とするため，監査役を置くかどうかは原則として会社の任意としたうえで（機関設計の自由化 No. 57, 58 参照），一定の内容や規模の株式会社については，監査役をはじめとする監査機関を置くことを義務づけています．
　具体的には，**取締役会あるいは会計監査人の設置が義務づけられている会社，または任意に取締役会あるいは会計監査人を設置した会社**においては，原則として**監査役は置かなければなりません**．一方，**指名委員会等設置会社及び監査等委員会設置会社**においては，**監査役を置くことはできません**（No. 52, 55, 58 参照）．
　また監査役がいない会社では，株主が監査役の役割と権限を有することになります．

(2) 監査の内容

　経営のチェック，すなわち**監査**には，**会計監査**と**業務監査**の2種類があります．

会計監査とは，会社の会計に関する帳簿や書類のチェックです．それに対して**業務監査**とは，会計に関する事項かどうかを問わずに，取締役の経営を広くチェックするというものです．一口で言うと，**会計監査**とは，書類の監査であるのに対して，**業務監査**とは，**取締役等の人を対象とした監査**です．

　そして業務監査については，取締役等の行為が法令・定款等に適合しているかどうかという範囲内で監査することができるとする「適法性監査」に限られるのか，あるいは取締役等がその行為をすることが経営判断として適切かどうかという範囲まで監査できるとする「妥当性監査」にまで及んでいるのか，という点について争いがあります．これについては裁判所の判断（判例）は示されていませんが，最も有力な考え方（通説）は，**監査役の業務監査の範囲は，「適法性監査」に限られる**としています．これは，監査役は業務執行を行う権限も責任もない以上，その監査役が業務執行の妥当性についてまで口出しすることは適当ではないという理由によるものです．

　そして**監査役**は，会社の規模や資本金とは関係なく，**業務監査権と会計監査権の双方を有しています**．ただし，監査役会と会計監査人を設置していない非公開会社においては，定款で監査役の監査の範囲を，会計監査権に限定することができます．

　会計監査の具体的な内容として最も重要なものは，取締役が株主総会に提出する計算書類・事業報告及び付属明細書を監査するとともに，それに関する監査報告を作成するというものです．

POINT
・監査役必置の会社とそうでない会社
　① 取締役会または会計監査人の設置が義務づけられている会社 ⎫
　② 任意に取締役会または会計監査人を設置した会社　　　　　　⎬→監査役必置
　③ 指名委員会等設置会社及び監査等委員会設置会社→監査役を置くことは不可
・監査役の権限
　① 会計監査：会社の会計に関する帳簿や書類のチェック（書類の監査）
　② 業務監査：取締役等の行為が法令・定款等に適合しているかをチェック
　　　　　　　（取締役等の人を対象とした監査）→適法性監査のみ

43 監査役の権限と義務
監査役も，取締役と同様に善管注意義務を負っている

（1）会社との関係

　株式会社と監査役の関係は，会社と取締役の場合と同様，**委任の関係**です．会社，すなわち**株主が委任者，監査役が受任者**です．委任者である**株主**は，株主総会における選任及び解任を通して，**監査役**に対して，取締役等が行う**経営のチェック**を委任することになります．したがって，監査役は，委任契約における受任者として，経営のチェックを行うにあたり，**広い裁量権（権限）**を有しています．そして監査役の場合，取締役と異なり，その権限は会社法上，個別具体的に定められています．
　たとえば，①取締役等に対していつでも事業の報告を求めたり，業務や財産の状況を調査することができる「事業報告請求権，業務財産状況調査権」，②取締役等に法令・定款違反の事実が認められる場合に，それを取締役会に報告すべく，自ら取締役会を招集できる「取締役会招集権」，③取締役の違法行為によって，会社に著しい損害が生じる恐れがある場合の「取締役に対する違法行為差止請求権」等々です．
　一方，取締役と同様に，監査役も委任契約に基づき様々な義務を負います．具体的には，善良なる管理者の注意をもってその職務を遂行しなければならないという善管注意義務，監査報告の作成，取締役会への報告・出席義務等々です．そしてこれらの義務に違反して会社に損害を与えた場合は，会社に対して損害賠償責任を負うことになります．

（2）会社法上監査役に与えられた権限は義務の側面も有する

　業務執行（経営）を行わない監査役がどのような場合に善管注意義務違反を

負うのかという疑問があるかもしれませんが，次のようなケースで善管注意義務違反が問われることになります．たとえば，取締役が違法行為を行っている，あるいはその恐れがあると認められる場合であるにもかかわらず，前述の「**事業報告請求権・業務財産状況調査権**」や「**取締役会招集権**」，あるいは「**違法行為差止請求権**」といった**監査役に与えられている権限を行使しなかった**ような場合は，**監査役は任務を怠った**，すなわち「**任務懈怠**」があり，それについて「**過失がなかった**」ということを監査役が立証できない場合は「**過失があった**」と認定され，その場合は，**会社に対して損害賠償責任を負う**ことになります．

このように考えた場合，前述の①〜③のような**監査役の権限は，単なる権限ではなく，それを行使すべき時には行使しなければならないという義務の側面**も有しているといえます．なぜならば，監査役は取締役の業務執行を監査する，すなわち経営のチェックを行うのがその職務であるからです．

なお，監査役は取締役と異なり，あくまで経営のチェックを行う機関であって，経営を行うわけではないので，会社と利益が衝突することはないと考えられています．したがって，取締役に認められている利益相反取引や競業取引に関する規制は，監査役には課されていません．

POINT

会社と監査役の関係：委任の関係

会社（株主） ——委任契約—— 監査役
委任者 　　　　　　　　　　　　受任者
　　　　　委任の内容：取締役等が行う
　　　　　　　　　　　経営のチェック
　　　　　　　　　　　　　↓
監査役は経営のチェックに関して広い裁量権を有する．
一方，委任契約の受任者として善管注意義務を負っている．

44 監査役の職務　その1
監査役に認められた権限は，単なる権利ではなく，行使しなければならない義務でもある

　前項（No. 43）でみたように，監査役が有効かつ適正な監査を行うことができるように，会社法上各種の具体的な権限が監査役に与えられています．ところがそれらの権限は単に行使できるというものではなく，有効かつ適正な監査を行うために行使しなければならないという義務の側面も有しています．そこで一般的には「監査役の権限」とされているものを，ここでは「監査役の職務」としてまとめました．

（1）事業報告請求権，業務・財産状況調査権

　監査役は，いつでも取締役・会計参与・支配人その他の使用人に対して，事業の報告を求めたり，自ら会社の業務や財産状況を調査することができます．これは，監査役が監査を能率的かつ合理的に行うことができるように，チェックする資料を獲得しやすいようにするためのものです．

（2）子会社に対する事業報告請求権，業務・財産状況調査権

　これは「子会社調査権」と言われているものです．親会社の監査役は，その職務を行うために必要があるときは，子会社の取締役・会計参与・支配人その他の使用人に対して事業の報告を求めたり，また子会社の業務・財産状況を調査することができます．なお，（1）の自社に対する事業報告請求権，業務・財産状況調査権とは，行使のための要件等が微妙に異なりますが，それについては No. 45 で説明します．

（3）取締役会招集請求権・招集権

　監査役は，取締役が不正の行為をしたり，それらの行為をする恐れがあると認められる場合，または法令・定款違反や著しく不当な事実があると認められる場合は，その旨を，遅滞なく取締役会に報告しなければなりません．ただしこの報告をするためには，当然のことながら取締役会が招集されなければなりません．そこで必要があると認める場合，監査役は招集権者である取締役に対して，取締役会の招集を請求することができます．ところが監査役が招集請求をしたにもかかわらず，5日以内にその請求の日から2週間以内の日を取締役会の日とする招集通知が発せられない場合，その招集請求を行った監査役は，自ら取締役会を招集することができます．

（4）取締役の違法行為差止請求権

　監査役は，取締役が法令・定款違反行為をしたり，それらの行為をする恐れがある場合，その行為が継続したりその行為がなされることによって，会社に著しい損害が生じる恐れがある場合は，その取締役に対して，その行為をやめるよう請求することができます．これは実際には，裁判所に対して，「取締役の違法行為の差止めの仮処分」を申請するという形で行使されます．なお，取締役等に対して，「違法行為はやめろ」と請求できる権利は，株主にも認められていますが，監査役の違法行為差止請求権と株主のそれでは，行使のための要件等がやはり微妙に異なります．それについてもNo.45で説明します．

（5）各種の訴えの提起権

　監査役は，違法行為をなして会社に損害を与えた取締役等に対して責任追及の訴えや，その他の会社組織に関する訴えを提起することができます．

以上が取締役等の業務執行を監査する監査役の権限であると同時に義務の主なものです．この中で，(1) の自分の会社の取締役等に対する事業報告請求権，業務・財産状況調査権と，(2) の子会社に対するそれとの違い，そして (4) の取締役の違法行為差止請求権と株主のそれとの違いについて，No. 45 において的を絞って説明します．

POINT
　監査役の職務
　・事業報告請求権，業務・財産状況調査権
　・子会社に対する事業報告書請求権，業務・財産状況調査権（子会社調査権）
　・取締役会招集請求権，招集権
　・取締役の違法行為差止請求権
　・各種の訴え提起権

45 監査役の職務 その2
同じ事業報告請求権,業務・財産状況調査権でも,
自社に対するものと子会社に対するものでは異なる

(1) 自社に対する事業報告請求権,業務・財産状況調査権と子会社に対するそれとの違い

　前項(No. 44)でみた監査役の職務の中の自社に対する事業報告請求権,業務・財産状況調査権と,子会社に対する事業報告請求権,業務・財産状況調査権(以下,「子会社調査権」)では,2つの点でその内容・範囲が異なります.

　まず,自社に対する場合,監査役は「いつでも」自社の取締役等に事業の報告を求めたり,自ら業務・財産状況を調査できます.それに対し子会社に対する場合,親会社の監査役は,「その職務を行うために必要がある場合」に限って,その子会社調査権を行使できるにすぎません.すなわち子会社調査権の方が,監査できるケースが限定されています.では「職務を行うために必要がある場合」とはどういう場合でしょうか.これは,親会社の監査役が,自社すなわち「『親会社』の取締役等の職務執行を監査するために必要な場合」です.親会社の取締役は,子会社に対する事実上の支配関係を悪用して,違法行為をする恐れがあります.具体的には,子会社を利用して粉飾決算を行う,子会社に対して架空売り上げを行う,子会社に対して親会社の不良債権を肩代りさせるといったものです.こういったことを事前に防止するとともに,そういった行為を親会社取締役がしていないかどうかをチェックするために,親会社の監査役に子会社調査権が認められているのです.決して子会社の取締役等の職務執行を監査することが目的ではありません.なぜなら子会社の取締役等の監査は,子会社自身の監査役あるいは他の監査機関が監査すればよいからです.

　次に,自社に対する場合,監査役が取締役等に事業の報告を求めたりした場合には,取締役等はそれを拒否することは原則としてできません.それに対し子会社に対する場合,親会社監査役から事業の報告を求められたりした子会社

の取締役等は，「正当な理由」があればそれを拒否することができます．親会社の監査役からの請求を拒否することのできる「正当な理由」とは，親会社の監査役が子会社調査権を行使することによって，**子会社の機密が親会社に漏洩**してしまうような場合です．子会社とはいえ，親会社とは別法人であり，取引先等も異なります．親会社に知られることによって，子会社が経営上の不利益を被る恐れも考えられます．そういったリスクを防ぐためにこのような規定が設けられています．

（2）株主による取締役に対する違法行為差止請求権との違い

　取締役に対する違法行為差止請求権は，監査役だけではなく，会社の所有者である株主にも認められています．ところが全く同じではありません．違いは2つあります．

　まず，**株主による取締役に対する違法行為差止請求権は，株主に認められた権利**です．この権利は，株主代表訴訟提起権とともに，「監督是正権」として株主に認められたものです（No. 60参照）．あくまで**権利である以上，取締役が違法行為をしている，あるいはその恐れがある場合であったとしても，それを行使するかどうかは，権利者である株主の自由**です．それに対し，**監査役に認められている取締役の違法行為差止請求権は，単なる権利ではなく，取締役の職務執行を監査する役割を担っている監査役の義務**でもあります．したがって取締役が違法行為を行っている，あるいはその恐れがあると認められる場合には，一定の要件の下でそれを行使しなければなりません．万一，**行使すべき場面で行使しない場合には，その監査役は任務懈怠による責任を追及されるおそれ**がでてきます．

　次に，要件の違いがあります．**株主の差止請求は**，取締役等の違法行為によって**「会社に回復することができない損害が生じる恐れがある場合」**にはじめて認められます．それに対し**監査役の差止請求は，「会社に著しい損害が生じる恐れがある場合」**に認められます．すなわち，株主の差止請求が認められる場合の要件の方が厳しいものになっています．ただし，監査役が設置されていない会社の株主が差止請求を行う場合の要件は，監査役がそれを行使する場合

と同じ要件になっています．

POINT

事業報告請求権，業務・財産状況調査権

	行使の要件	取締役等の対応
自社に対するもの	いつでも事業の報告を求め，業務・財産状況を調査できる	報告等を求められた場合，原則拒否できない
子会社に対するもの	その職務を行うために必要がある場合に限って，行使できる	子会社は，正当な理由があれば拒否できる

取締役に対する違法行為差止請求権

	行使の要件	法的性質
監査役	会社に著しい損害が生じる恐れがある場合	権限であると同時に義務（＝職務）
株主（監査役設置会社）	会社に回復できない損害が生じる恐れがある場合	単なる権利：行使するか否かは任意

46 資格・員数・任期
監査役の任期は，取締役の任期よりも長い

（1）資　　格

① 欠格事由

　監査役は，取締役の職務執行を監査するという重責を担っているため，その能力や資質に問題がある人はあらかじめ除外しておく必要があります．そこで，監査役についても取締役と同様に，欠格事由が定められています．具体的には，**法人や成年被後見人・被保佐人などは，監査役になることはできません．**これらの欠格事由は，取締役の場合と同じです（No. 27 参照）．

② 定款による制限

　これも取締役の場合と同様です．
　まず公開会社の場合，定款で監査役になれる人を株主に限ることはできません．これは監査役も社会から広く能力のある人材を求める必要があるからです．一方，非公開会社の場合は，このような制限はありません．すなわち，株式全部の譲渡を制限し，株主が固定されている非公開会社においては，その株主が，取締役さらには代表取締役となって経営を行う（業務執行）ことが認められているだけではなく，株主だけで監査機関を担うことも認められているのです（No. 27 参照）．

（2）員　　数

　監査役の員数に関しては，特に制限はありません．したがって，1人でも問題ありません．ただし，監査役会を設置している会社においては，監査役は3人以上が必要で，さらにその半数以上は，社外監査役でなければなりません．

社外監査役とは，その就任前の10年間は，その会社またはその会社の子会社の取締役，執行役，会計参与，支配人その他の使用人でなかった人です（No. 48参照）．

（3）任　　期

　監査役の任期は，原則として**選任後4年以内に終了する事業年度のうち最終のものに関する定時株主総会終了の時**までとされています．取締役の場合よりも，その任期は長く設定されています．また，取締役の場合と異なり，**その任期を定款で短縮することもできません**．これは，監査役の地位の独立性と安定性を確保するためです．すなわち，監査役の役割は，取締役の職務執行の監査であり，監査をされる取締役の意向に左右されることなく，安定的に円滑な監査を行うことができる様，その任期は取締役と比べて長く設定され，しかも定款で短縮できないとされています．

　なお，**非公開会社の場合は，定款によって，監査役の任期は10年に伸長する**ことができます．

POINT
　資格：定款による制限：公開会社においては，「監査役は必ず株主の中から選任しなければならない」という定めを定款で規定することはできない
　員数：原則として制限なし（1人でも可）
　　　　監査役会設置会社：3人以上
　任期：原則として選任の日から4年以内（定款で短縮することも不可）
　　　　但し非公開会社では，定款で定めれば選任の日から10年まで伸ばすことが可能

47 監査役の独立性を確保するための規定

監査役は，取締役の地位を兼任できない

（1）意　　義

　監査役の独立性とは，2つの視点からみていく必要があります．

　1つは，監査役は1つの株式会社に何人いても，それぞれが独立してその権限を行使することができるというものです．このことは監査役の「独任制」とも呼ばれています．なお，個々の監査役の「独任制」は，監査役会設置会社の場合，監査役会との関係で問題となりますが，それについてはNo. 48の監査役会のところで説明します．

　もう1つは，監査の対象となる業務執行機関である取締役や代表取締役からの独立性です．この項で説明したいのは後者の場合です．監査役は，経営に関する広い権限が与えられている取締役等がその権限を濫用し，暴走することを防ぐために，取締役等の経営をチェックする，すなわち取締役の職務執行を監査する役割を担っています．その一環として，取締役等に対していつでも事業の報告を求めたり，取締役会を自ら招集したりといった様々な権限が与えられています．ところがこのことは監査役から監査を受ける取締役等にとっては，あまり気分のいいものではないはずです．監査役が一生懸命取締役等の行為をチェックすればするほど，その傾向は顕著になり，大変くだけた言い方をすれば，取締役等からみて，監査役は「目障りな存在」ということになります．そうなると，たとえば代表取締役がその会社の株式を多数保有している場合，自社の監査役を株主総会決議で解任したり，あるいは監査役の報酬を減額したりといったことにもなりかねません．これでは円滑な監査は到底できません．

　このように**監査役が円滑な監査を行うためには，監査役は，監査の対象となる取締役等から独立した地位が確保されている必要があります**．そこで会社法においては，監査役の地位が取締役等から独立性を確保するために様々な規定

を設けています．主なものとしては，以下の6つがあります．

（2）取締役等からの独立性を確保するための具体的な規定

項目	内　容
① 任期	4年（取締役の場合，2年）
② 解任	株主総会特別決議（取締役の場合，普通決議）
③ 意見陳述権	自己の選任・解任・辞任・報酬について，株主総会で意見を述べることができる
④ 兼任禁止	監査役は，会社あるいはその会社の子会社の取締役もしくは支配人その他の使用人，会計参与・執行役を兼ねることはできない
⑤ 報酬	定款に定めがなければ，株主総会で決議
⑥ 監査費用	監査役は，監査費用を会社に請求した場合は，会社はその費用が監査に必要がないことを立証した場合を除いて，その請求を拒否することができない

① 任期

監査役の任期は4年と長く，その短縮を認めないことによって，監査役の地位の安定化を図っています．

② 解任

監査役も取締役同様，会社（株主）とは委任の関係であり，委任者である株主の信頼を失えば，株主総会において理由の如何を問わず解任されます．ところが監査役の解任は，株主総会特別決議の要件をみたさなければなりません．取締役の場合は株主総会普通決議で解任できるため，監査役の方が取締役と比べて解任の要件は厳しくなっています．解任の要件を厳しくすることによって，監査役の地位の安定化を図っているのです．

③ 意見陳述権

監査役は，株主総会において，監査役の選任，解任，辞任，報酬について意見を述べることができますが，それ以外にも，次のような規定が定められています．
1）監査役の地位をすでに辞任した者は，辞任後最初に招集される株主総会に

出席して，辞任した旨及びその理由を述べることができます．監査役が，取締役等からの不当な圧力によって辞任させられたような場合には，それを株主総会で明らかにすることができるようにとの趣旨によるものです．

2）取締役は，監査役の選任に関する議案を株主総会に提出する場合，監査役の同意を得なければなりません．監査役が2人以上の場合には，その過半数の同意を得る必要があります．これは，取締役等の意のままに監査役が選任されるのを防止するためです．

④ 兼任禁止

　監査役は，自分の会社の取締役，会計参与，支配人その他の使用人を兼任することはできません．また，**監査役は，子会社の取締役，会計参与，執行役，支配人その他の使用人を兼任することもできません．**

　自分の会社の取締役等を兼任できないのは，**監査する人（監査役）と監査される人**（取締役またはその部下である使用人）**が同一人物になる恐れがあるから**です．監査役は，取締役等の経営をチェックする，すなわち監査をするために，いつでも取締役自身だけではなく，その部下である支配人等の使用人に対しても，事業の報告を求めたりすることができます（No. 44, 45参照）．ところが事業の報告を求める人とそれに応じる人が同一人物となると，チェックそのものが機能しなくなるからです．

　一方監査役は，自分の会社の取締役等だけではなく，その子会社の取締役等を兼任することもできません．この理由は**親会社の監査役には，子会社調査権が認められている**からです．すなわち，親会社の監査役は，その職務を行うために必要があるときは，監査役を設置している子会社に対して，事業の報告を求めたり，あるいはその子会社の業務や財産の状況を自ら調査することができます（No. 44, 45参照）．

　したがって，親会社の監査役と子会社の取締役等が兼任できるということになると，**子会社を調査する人（親会社の監査役）と調査される人（子会社の取締役等）が同一人物になる恐れ**がでてきます．そうなると自分の会社内の場合と同様に，円滑な監査を行うことができなくなるからです．

　なお，親会社の取締役・支配人その他の使用人が，子会社の監査役を兼任す

ることは禁止されていません．これは，子会社の監査役に，親会社に対する調査権は認められていないからです．子会社の監査役は，その職務を行うために必要があるからといって，親会社の取締役等に事業の報告を求めたり，親会社の業務や財産の状況を自ら調査するといった権限は与えられていません．したがって調査する人（子会社の監査役）と調査される人（親会社の取締役等）が同一人物になるというリスクは，もともと発生しないからです．

POINT
取締役等との兼任禁止

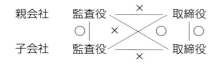

・監査役は，自社又は子会社の取締役・使用人の地位を兼任できない
・取締役は，子会社の監査役の地位を兼任できる

○：兼任可能　　×：兼任禁止

⑤ 報酬

監査役の報酬は，定款にその額が定められていない場合は，株主総会で決議しなければなりません．株主総会での決議という点では，取締役の報酬を決める場合と同じです．ところがその趣旨は全く異なります．取締役の報酬を株主総会で決議しなければならないとするのは，すでに述べた通り，取締役の権限濫用を防止するためです．すなわち取締役会で自分たちの報酬を決めることができるとなると，「お手盛り」となる恐れがあるため，それを防ぐためです（No. 18, 24, 28 参照）．それに対して，監査役の報酬を株主総会で決議するのは，監査役の独立性を確保するためです．すなわち，監査役はそもそも業務執行を行うわけではないため，お手盛りの危険はありません．ところが監査役の報酬を取締役会に委ねるとなると，監査される人（取締役及び代表取締役）の集まりで，監査する人（監査役）の報酬を決めることができるということになります．これでは適正な報酬が確保されなくなる恐れがあり，円滑・公正な監査が期待できなくなります．そこで，監査役の報酬は，必ず，定款または株主総会の決

議によらなければならないとされています。

　監査役が2人以上の場合で、各監査役の個々の報酬について定款の定めまたは株主総会で決議がないときでも、各監査役に対する報酬の配分について、取締役会で決議することはできません。この場合も、取締役会で決議できるとなると、各監査役において適正な報酬が確保されなくなる恐れがあり、円滑・公正な監査が害される恐れがあるからです。したがってこの場合、監査役個々の報酬は、その総額の範囲内で、各監査役の協議によって決めることになります。

　また監査役は、株主総会において、監査役の報酬について意見を述べることができます。これは、監査役の報酬が全体として低すぎたり、個々の監査役の報酬が不公平であったりする場合に、株主総会で意見を述べることによって、その是正を図るという趣旨です。これも監査役の適正な報酬の決定を保障し、もって監査役の独立性を確保するためです。

⑥ 監査費用

　監査役と株式会社の関係は、民法上の委任契約に関する規定に基づきます。したがって、受任者である監査役は、委任者である会社に対して、監査費用の前払いを請求することができ、また監査費用を自ら支出したときは、その費用と利息の償還を請求することもできます。ただし民事訴訟法の一般原則によると、監査役がこれらの請求を認められるためには、監査のために必要であることまたは必要であったことを、監査役の方で立証しなければなりません。なぜならば民事訴訟法では、ある事実を主張する側がそれを立証しなければならないからです。そうなると監査費用についても、監査役の側に立証責任があるはずです。ところがそうなると、その費用が必要であるということを監査役が立証できなかった場合、費用不足によって十分な監査ができなくなったり、あるいは立証困難な監査はそもそも行われなくなる恐れがあります。

　そこで会社法においては、**監査役が会社に対して監査費用を請求したときは、会社は、それが監査に必要な費用ではないということを立証できない限り、監査役からの請求を拒否できない**と定めています。すなわち、立証責任を監査役から会社に転換することによって、監査費用の確保を容易にして、監査の充実を図っています。

POINT

・取締役及び監査役の報酬：定款に定めがなければ株主総会で決議

〈理由〉

① 取締役の報酬：お手盛り防止（取締役会で決議できるとなると，自分達の報酬を自分達で決めることになるため）

② 監査役の報酬：監査役の独立性の確保（取締役会で決議できるとなると，監査される人達が監査する人の報酬を決めることができるようになり，円滑な監査が期待できないため）

・監査費用：監査役が監査費用を請求した場合，会社はそれが監査に必要な費用でないことを立証できない限り，監査役からの請求を拒否できない（立証責任の転換）

48 監査役会
監査役会が設置されていても，個々の監査役は，独立して職務を行うことができる

(1) 意　義

監査役会は，すべての監査役（3人以上）で組織される株式会社の監査機関です．3人以上の監査役がいる場合でも，当然に監査役会が設置されるわけではありません．監査役会を設置する場合は，定款でその旨を定める必要があります．ただし，指名委員会等設置会社および監査等委員会設置会社を除いた公開会社でかつ大会社に関しては，監査役会の設置が強制されています．

(2) 監査役会と監査役の関係

監査役は，独任制の機関です（No. 47参照）．したがって，監査役会を設置した場合でも，各監査役は独立してその職務を行うことができます．ところが複数の監査役によって構成される監査役会を設置することによって，各監査役の役割分担を定めたり，各監査役が有している情報の共有化も図ることができるようになるため，組織的で効率的な監査体制が可能となります．また，合議体としての監査役会が意見を述べることにした方が，取締役に対する発言力が増したり，取締役会に対して影響力を強めることができると考えられます．このように監査役会とは，監査役が単独で行う監査よりも，組織的・効率的でしかも強力な監査を可能にするために設けられた制度といえます．

(3) 監査役会の構成

監査役会は，3人以上の監査役によって構成されますが，その内，半数以上は社外監査役でなければなりません．社外監査役とは，その就任前10年間にお

いてその会社またはその会社の子会社の取締役・会計参与・執行役・支配人その他の使用人でなかった人をいいます．半数以上ですから，監査役が3人の場合は，2人以上が社外監査役でなければなりません．これは，会社とは利害関係のない人材が監査役になることによって，取締役等からの独立性を確保して，公正かつ強力な監査を可能にするためです．

また**監査役会**は，監査役の中から**常勤の監査役**を選定しなければなりません．常勤の監査役とは，他に常勤の仕事を行わずに，**会社の営業時間中はその職務に専念できる監査役**のことです．これは，独立性の高い監査役だけではなく，会社内の業務に精通した監査役を置くことによって，実効的な監査を行うためです．なお，常勤の監査役の員数については規定がないので，1人でも，何人常勤監査役を設置しても問題ありません．

(4) 職　　　務

監査役会が行うべき職務は，以下の通りです．

1) 監査報告の作成
2) 常勤監査役の選定・解職
3) 監査方針・会社の業務財産状況の調査方法等の決定

(5) 決　　　議

監査役会の決議は，監査役の過半数の賛成をもって行います．

(6) 招　　　集

監査役会の招集は，取締役会の場合と同様です．すなわち**各監査役が招集**を行います．原則として，監査役会の1週間前までに，各監査役に対してその通知を発しなければなりませんが，招集通知の方法には制限がないので，口頭でも構いません．

POINT

- 監査役会の構成

  監査役は3人以上
  　　　↓
  そのうち半数以上は社外監査役（就任前10年間，自社や子会社の取締役等でなかった者など），1人以上は常勤監査役

- 監査役会の権限
  ① 監査報告の作成
  ② 常勤監査役の選定・解職
  ③ 監査方針・会社の業務財産状況の調査方法等の決定

その他の機関

49 会計監査人 その1 意義，会社との関係，監査役の監査との関係

会計監査人になれる人は，公認会計士または監査法人だけ

（1）意　義

　会計監査人とは，**計算書類及びその付属明細書，連結計算書類等を監査する人**です．一口で言うと，書類のチェックをする人です．そしてチェックした書類に関して，**会計監査報告を作成することを職務**としています．

（2）会社との関係

　会社と会計監査人との関係は，取締役や監査役と同様に，**委任の関係**です．したがって委任契約における受任者として会計監査人は，会計監査に関する広い裁量権（権限）を有するとともに，善良なる管理者の注意をもって，その職務を行わなければなりません．すなわち会計監査人も善管注意義務を負うことになります．

（3）職　務

　まず権限ですが，会計監査人の権限も，監査役と同様に，会社法上具体的に定められています．たとえば，① 会計監査人は，いつでも取締役・執行役・会計参与・支配人その他の使用人に対して，「会計」に関する報告を求めることができます．また，② 会計監査人は，その職務を行うために必要がある場合は，会社またはその子会社の業務・財産状況を調査することができます．
　ところが取締役等が違法行為を行っている，あるいはその恐れがある場合に，そういった**権限を行使しなければ，任務を怠った**，すなわち「**任務懈怠**」と認定される可能性が高く，その任務懈怠について過失が認められれば（「過失がな

かった」ということを会計監査人が立証できなければ)，**会社に対して損害賠償責任を負う**ことになります．このように考えると**会計監査人に認められている権限**は，**同時に義務**でもあります．これも監査役の場合と同様です．

　そして①，②を通じて，計算書類等を監査し，会計監査報告を作成することになります．

　なお会計監査人は外部機関であるため役員には含まれないが，会社との関係は，役員（取締役・執行役・監査役・会計参与）と同様に委任の関係です．そのため役員に会計監査人を含めて，「役員等」とひとくくりで呼ぶことがよくあります．

（4）資　　格

　会計監査人になれる人は，公認会計士または監査法人に限定されています．これは，会計監査の専門的能力を備えたプロフェッショナルであり，しかも会社外部の独立した存在である公認会計士または監査法人に会社の監査を行わせることによって，適正かつ充実した監査の実現を目的としているからです．監査法人とは，公認会計士で構成される法人です．監査法人が会社の会計監査人に選任された場合，監査法人は，構成員（公認会計士）の中から，その会社の会計監査人の職務を行うべき人を選定し，それを会社に通知しなければなりません．なお税理士及び税理士法人は，会計監査人になることはできません．

（5）監査役の監査との違いおよびそれとの関係

　監査役の監査と会計監査人の監査の根本的な違いは，監査役の監査が会社の機関による内部監査であるのに対して，会計監査人の監査は外部の会計に関する職業的専門家による外部監査であるという点です．会社法は，このように性質の違う２つの監査機関が相互に連携し，補完しあうことによって，取締役等の業務執行を実効的にチェックできることを期待しています．

　そのための具体的な方策として，会計監査人は，職務を行うにあたって，取締役等の行為が法令や定款に違反するといった重大な事実があることを発見し

た場合には，これを遅滞なく，監査役（監査役会を設置している会社においては監査役会）に報告しなければならないとされています．一方，監査役は，その職務を行うために必要があれば，会計監査人に対して，その監査に関する報告を求めることができます．

また監査役と会計監査人の具体的な役割分担としては，計算書類の監査に関して，一次的に会計監査人が行い，これを監査役が事後審査したうえで，監査報告を作成することとされています．

POINT
　会社との関係：委任の関係
　　　　　　　　↓
　　・受任者として善管注意義務を負い，会社に対して任務懈怠責任を負う
　職務：計算書類等の監査，会計監査報告の作成
　資格：公認会計士・監査法人
　監査役との関係：監査役への報告義務，外部監査機関として一次的な監査を実施

50 会計監査人 その2 選任，解任，員数，任期

大会社では，会計監査人は必ず置かなければならない

（1）設置が強制されている会社とそうでない会社

① 会計監査人の設置が強制されている会社

大会社と**指名委員会等設置会社・監査等委員会設置会社**においては，**会計監査人を置くことが義務づけ**されています．

資本金5億円以上または負債総額200億円以上の株式会社，すなわち**大会社**の場合は，公開会社，非公開会社を問わず，**大規模な事業を行うことが想定**されています．したがって，**会社債権者等の利害関係人は多数に上ることが通常**であり，特に監査は厳格に行う必要があります．そこで会計監査の職業的専門家である公認会計士または監査法人を会計監査人として，その監査を受けることを強制しています（No. 57, 58参照）．

指名委員会等設置会社・監査等委員会設置会社において会計監査人の設置が強制される理由としては，これらの会社においては計算書類等を作成する者とそれを監査する者が，同じ取締役会の構成員である取締役であるため，計算書類の適正性・信頼性を確保するために，**取締役会から独立した第三者による監査が必要**であると考えられるからです．さらに指名委員会等設置会社に関しては，大規模な事業を行うことが想定されているだけではなく，取締役会からさらに，執行役への権限の委譲が認められているため，監査機能の充実が要請されます．したがって，内部監査だけではなく，会計監査について外部監査としての会計監査人の監査が要求されています（No. 52, 55, 57, 58参照）．

② 会計監査人の設置が任意の会社

大会社および指名委員会等設置会社・監査等委員会設置会社以外の会社においては，定款で定めることによって会計監査人を置くことができます．ただし，

会計監査人を置く会社では，指名委員会等設置会社及び監査等委員会設置会社を除いて，必ず監査役を置かなければなりません．これは，取締役等の業務執行機関からの会計監査人の独立性を確保するためです．会計監査人は，独立した職業的な専門家の立場から監査を行うにあたり，それが有効に機能するためには，取締役等の業務執行機関からの独立性が不可欠です．監査役は，会計監査人の選任・解任・不再任の議案に関する同意権を有しているので，監査役の存在が取締役等への牽制につながり，ひいては会計監査人の独立性の確保につながることになるからです．

（2）選任と解任

会計監査人の選任と解任は，ともに**株主総会普通決議**によらなければなりません．ただし前述の通り，取締役会（取締役会が設置されていない会社では取締役）が以下の行為をする場合には，監査役の同意を得なければなりません．

1）会計監査人の選任に関する議案を株主総会に提出する場合
2）会計監査人の解任を株主総会の目的とする場合
3）会計監査人を再任しないことを株主総会の目的とする場合

これらは，会計監査人の取締役または取締役会からの独立性を確保するためです．なお，監査役が2人以上いる場合には，その過半数の同意を得る必要があります．

また，会計監査人自身も，選任・解任・不再任・辞任について，株主総会に出席して意見を述べることができます．

（3）員　　数

特に規制はされていないので，1人でも複数でも問題ありません．

(4) 任　　期

　会計監査人の任期は，選任後1年以内に終了する事業年度のうち最終のものに関する定時株主総会終結の時までです．任期が短いのは，会計監査人は会社から独立した外部機関であるという性質上，会社との馴れ合いに陥ることを防ぐためです．ところが定時株主総会ごとに選任を要するとなれば，会計監査人の地位の独立性が害される恐れがあります．そこで任期満了となる定時株主総会において再任しないことの決議がなされない限りは，その総会で再任されたものとみなされます．

POINT
- 会計監査人の設置が強制されている会社
    ① 大会社
    ② 指名委員会等設置会社
    ③ 監査等委員会設置会社
- 選任と解任：株主総会普通決議
- 任期：1年

---

51 会計参与
会計参与には，公認会計士だけではなく税理士もなれる

(1) 意　義

　会計参与とは，取締役と共同して計算書類及びその付属明細書，連結計算書類等を作成する人です．そしてそれに基づき**会計参与報告を作成することを職務**としています．会計参与は，取締役や監査役・執行役とともに会社の役員です．

　取締役は，事業年度ごとに計算書類及びその付属明細書を作成して，それを定時株主総会に提出して，株主の承認をもらわなければなりません．ところが取締役は，必ずしも計算書類作成のプロではありません．そこで専門的能力を有する会計参与も，取締役と共同して計算書類等の作成に携われるようにすることによって，計算書類等の適正化，充実化を図っています．

　一方，会計参与はその職務を行うにあたって，取締役による不正な行為や法令・定款違反といった重大な事実を発見した場合は，遅滞なく監査役（監査役が設置されていない場合は株主）に報告しなければならないとされています．

　このように，**会計参与**は，**計算書類等の作成**という**業務執行機関としての職務**と，**取締役の業務執行をチェック**するという**監査機関としての職務の双方を兼ね備えた機関**ということができます．

(2) 会社との関係

　会計参与は，取締役・監査役・会計監査人と同様に，**会社とは委任の関係**に立ちます．したがって，職務を行うにあたっては善管注意義務を負うことになり，**任務懈怠**とそれについての**過失**が認められれば，会社に対して**損害賠償責任**を負うことになります．

（3）資　　格

会計参与は，**公認会計士か監査法人または税理士か税理士法人でなければな
りません**．このように会計参与になれる人は，会計の専門的能力を有する人に
限定されています．

（4）選任と解任

会計参与は，取締役と同様，株主総会普通決議で選任され，解任できます．

（5）員　　数

会計参与は，そもそも任意の機関であり，置いても，置かなくても問題あり
ません．置く場合は，1人でも複数でもいいです．

（6）任　　期

これも取締役と同様です．すなわち原則として2年ですが，非公開会社の場
合は，定款で10年まで伸長できます．

（7）会計参与の設置が強制されている会社

非公開会社で大会社以外の会社で，取締役会を設置している会社においては，
監査役を設置しない場合には，会計参与を設置しなければなりません．取締役
会を設置している以上，3人以上の取締役が業務執行の意思決定に関与し，代
表取締役が業務執行を行うことになります．すなわち，取締役等に経営に関す
る強い権限が集中します．一方，取締役会が設置されているので，株主総会の
権限は縮小されます．そのような中で監査役も設置しないということになると，
取締役等に対するチェック機能がはたらかなくなる恐れがあります．そこでそ

のような場合には，監査機関としての機能も有している会計参与の設置を義務づけることによって，取締役等の権限濫用を防止しようという狙いがあるからです．

POINT

　会社との関係：委任の関係
　　受任者として善管注意義務を負い，会社に対して任務懈怠責任を負う
　資格：公認会計士・監査法人・税理士・税理士法人
　会計参与の設置が強制されている会社
　　非公開会社で大会社以外の会社で，取締役会を設置し，監査役を設置していない会社

---

52 指名委員会等設置会社　その1
総論

指名委員会等設置会社では，監査役を置くことができない

（1）意義・特徴

　旧商法において，長い間，日本の全ての株式会社は，株主総会・取締役会・取締役（3人以上）・代表取締役（1人以上）・監査役1人以上は，必ず置きなさいと定められていました（ここではこの機関設計を「従来型」といいます）．ところが平成14年の商法改正によって，アメリカ型の経営システムが導入されました．それが「指名委員会等設置会社」です．もっとも平成14年の改正時は「委員会等設置会社」という名称でした．その後会社法では「委員会設置会社」と名称を変え，平成26年の会社法改正によって「監査等委員会設置会社」が導入されたことを機に，それとの区別を明確にするため「指名委員会等設置会社」と名付けられました．

　この指名委員会等設置会社は，従来型の機関設計と対比すると，大きく分けて3つの特徴があります．

　1つ目は，**業務執行機関と監督機関が分離している**ということです．これは**「執行と監督の分離」**とよく言われます．従来型の場合，取締役会において，業務執行に関する意思決定を行い，それに基づき代表取締役や代表取締役から権限の委譲を受けた取締役が，具体的な業務執行を行ってきました．その一方で取締役会は，代表取締役を含めた取締役を監督するという役割も担っていました．ところが**指名委員会等設置会社では，取締役会は監督機能に軸足を移して，業務執行に関する意思決定に関しては，執行役という機関に大幅に権限を委譲するとともに，業務執行についても執行役に委ねる**というスタイルがとられています．すなわち，**執行役が業務執行機関，取締役会と取締役が監督機関**というように執行と監督を分離しています．

　2つ目の特徴は，取締役会の監督機能を強化するために，**3つの委員会が置**

かれています．具体的には，**指名委員会・監査委員会・報酬委員会**です．それぞれの役割を簡単に説明すると，指名委員会が，取締役等の候補者の指名，監査委員会は，従来型の監査役と同様，取締役や執行役の職務執行の監査，そして報酬委員会は，取締役や執行役の個別の報酬の内容を決定する，というものです．この3つの委員会は全て過半数の社外取締役で構成されます．

3つ目の特徴は，**代表取締役及び監査役を設置することができない**ということです．指名委員会等設置会社においては，取締役や取締役会は監督機能を果たすことが主な職務となるので，業務執行機関は代表取締役ではなく，執行役または代表執行役が担うことになります．また監査役を置くことができないのは，指名委員会等設置会社では監査委員会の設置が義務づけられているため，監査機能の重複を避けるためです．その一方で，指名委員会等設置会社においては，**会計監査人の設置が義務付け**られています（No. 50，57，58参照）．

（2）指名委員会等設置会社が導入された背景

従来型の機関設計では，取締役等の権限濫用を防止するために，取締役会による内部的な監督と監査役による外部的な監査というダブルチェック体制をひいています．ところが取締役等の暴走による企業不祥事は後を絶ちませんでした．このことから，取締役会の監督機能の強化と監査役による監査の限界が叫ばれるようになり，このような声を背景として導入されたのが，指名委員会等設置会社です．

（3）指名委員会等設置会社で置かなければならない機関

指名委員会等設置会社においては，**取締役会，3つの委員会**（指名・監査・報酬委員会），**執行役，代表執行役，会計監査人**を必ずおかなければなりません．

（4）指名委員会等設置会社となることのできる会社

取締役会設置会社であれば，監査役設置会社を除いて，定款で定めることに

よって，公開会社であれ非公開会社であれ，指名委員会等設置会社となることができます．

POINT
・指名委員会等設置会社の特徴
　① 執行と監督の分離
　② 3つの委員会（指名・報酬・監査委員会）＋執行役
　③ 経営者：執行役
　　 監督者：取締役（取締役会）

53 指名委員会等設置会社 その2 取締役・取締役会

指名委員会等設置会社の取締役は，原則として会社の業務を執行できない

(1) 取締役

① 選任と解任

指名委員会等設置会社においても，取締役は，株主総会普通決議によって選任され，解任されます．ただし，**株主総会に提出される取締役の選任・解任の議案の内容は，指名委員会によって決定**されます．これは，会社から独立性の高い社外取締役が過半数を占める指名委員会が，取締役の選任と解任の議案を決定することによって，取締役の選任・解任を公正で透明なものにしようという趣旨です．

② 任期

指名委員会等設置会社の取締役の任期は，選任後1年以内に終了する事業年度のうち最終のものに関する定時株主総会終結の時までとされています．通常の取締役の任期（2年）と比べて短いのは，指名委員会等設置会社の取締役会は，業務執行の監督機関に純化しているため，その構成員である取締役も毎年株主総会において，株主の信任を受けるべきであるからだと説明されています．

③ 兼任禁止

監督機関である取締役会の構成員である取締役は，業務執行機関である執行役と兼任することは認められています．ところが，支配人その他の使用人を兼任することはできません．これは，使用人は業務執行機関である執行役の部下であるため，もし取締役が使用人を兼任できるとなると，取締役が執行役の業務執行を監督するという立場と矛盾するからです．

④ 職務

取締役は，原則として，会社の業務を執行することはできません．したがって，取締役の職務は以下の3つです．

1）取締役会の構成メンバーとして，執行役等の業務執行を監督する
2）取締役会の構成メンバーとして，業務執行の意思決定を行う．
　　ただし，指名委員会等設置会社の取締役会は監督機能が中心となるため，取締役会において業務執行の意思決定をできる事項は限定されています．
3）3つの委員会（指名・監査・報酬委員会）の委員として活動する

（2）取締役会の権限

指名委員会等設置会社の取締役会は，**その機能の中心が執行役の業務執行を監督する**ことにあります．したがって，業務執行に関する意思決定権限は，会社の経営の基本方針の決定等に限定されています．また，執行役に意思決定権限を委譲することができます．ただし，**3つの委員会の委員の選定と解職は，取締役会で決議**することになります．3つの委員会は取締役が構成メンバーであり，取締役は株主総会決議において選任・解任がなされます．ところが取締役の中から誰を各委員会の委員にするかは，取締役会で決定することになります．

また，取締役会は，**業務執行機関に対する監督権限の一部として，執行役および代表執行役の選定と解職を決議**できます．なお，執行役だけではなく，取締役会の構成メンバーである取締役も，取締役会の監督の対象となります．

POINT
・取締役会の権限
　① 3つの委員会の委員の選定と解職
　② 業務執行機関である執行役及び代表執行役の選定と解職

54 指名委員会等設置会社 その3
3つの委員会と執行役
3つの委員会の各委員は，取締役会で選任される

（1） 3つの委員会

　指名委員会等設置会社には，指名委員会・監査委員会・報酬委員会の3つの委員会を必ず置かなければなりません．それぞれの委員会は，取締役の中から，取締役会の決議によって選定された3人以上の委員によって構成されます．そしてその**委員の過半数は，社外取締役でなければなりません**．これは，各委員会の中立性・公正性を確保するとともに，会社からの独立性の高い社外取締役を過半数置くことによって，取締役会の監督機能を強化するためです．

　また各委員会の委員は，取締役会決議によっていつでも解職することができます．

① 指名委員会
　指名委員会は，**株主総会に提出する取締役の選任や解任に関する議案の内容を決定する権限**を有します（No. 52参照）．

② 監査委員会
　監査委員会は，**執行役等の業務執行の監査，監査報告の作成，株主総会に提出する会計監査人の選任・解任および会計監査人を再任しないことに関する議案の内容を決定する権限**を有しています．なお各監査委員は，監査役と類似の権限を有していますが，**取締役であるため**，監査を行うにあたって，次の2つの点で監査役とは異なります．

　1つは，監査役の業務監査権は適法性（その行為が法令・定款等に適合しているかどうか）にしか及ばないという考え方が有力ですが，**監査委員の場合，その監査範囲は適法性**だけではなく，**妥当性**（その行為が経営判断として妥当かどうか）に

まで及びます (No. 42参照)．もう1つは，監査役は監査役会が設置されている会社であっても，独任制が貫かれていますが，**監査委員**には，**独任制は採用されていません**．したがって，監査にあたって監査委員会の決議があれば，各監査委員はそれに従わなければなりません (No. 47, 48参照)．

また取締役は執行役を兼任できますが，**監査委員である取締役は，執行役やその会社の子会社の執行役等を兼任することはできません**．

③ 報酬委員会

報酬委員会は，**執行役等の個人別の報酬等の内容を決定する権限**を有します (No. 52参照)．

（2）執 行 役

① 意義

執行役は，取締役会から権限の移譲を受け，会社の業務執行の意思決定を行うとともに，会社の業務執行を行います．

② 会社との関係

指名委員会等設置会社と執行役の関係は，取締役や監査役の場合と同様，**委任の関係**です．したがって，委任契約の受任者として執行役は，委任者である会社に対して善管注意義務を負います．そして**職務を行うにあたって，任務懈怠とそれについての過失が認められれば，会社に対して損害賠償責任を負う**ことになります．これも他の役員等の場合と同様です．

③ 選任と解任

執行役の選任と解任は，**取締役会決議**で行われます．いつでも解任できるのは，他の役員等の場合と同様です．

④ 任期

執行役の任期は，原則として選任後1年以内に終了する事業年度のうち最終

のものに関する定時株主総会終結後，最初に招集される取締役会終結の時までとされています．

（3）代表執行役

指名委員会等設置会社においては，執行役の中から取締役会決議によって，代表執行役を選定しなければなりません．指名委員会等設置会社以外の代表取締役に相当する機関です．代表取締役に関する多くの規定が準用されています（No. 38 参照）．

POINT

3つの委員会の役割

	役　割
指名委員会	株主総会に提出する取締役の選任や解任に関する議案の内容を決定
監査委員会	執行役等の業務執行の監査，監査報告の作成　等
報酬委員会	執行役等の報酬の内容を決定

指名委員会等設置会社と執行役の関係：委任の関係
　　　　↓
執行役は委任者として善管注意義務を負い会社に対して任務懈怠責任を負う

55 監査等委員会設置会社　その１
監査等委員会設置会社には，執行役は存在しない

（1）意義・特徴

　平成26年の会社法改正で導入された新しい経営スタイル（機関設計）の会社です．この監査等委員会設置会社は，**取締役会と会計監査人は必ず置かなければなりません．**一方，**監査役を置くことはできません．**この点は，指名委員会等設置会社の場合と同様です．**指名委員会等設置会社と異なる点は，**指名委員会等設置会社は，指名・監査・報酬委員会という３つの委員会を設置することが義務づけられているのに対して，**監査等委員会設置会社は，**指名委員会等設置会社の監査委員会と同機能である**監査等委員会だけが設置を義務**づけられています．また指名委員会等設置会社では，業務執行機関として取締役ではなく，執行役及び代表執行役を置くことが義務付けられています．それに対して監査等委員会設置会社は，**業務執行を行うのは代表取締役と取締役であり，執行役や代表執行役を置く必要はありません．**

　取締役等の業務執行を監査するのは監査等委員会ですが，**監査等委員会を構成する監査等委員は，取締役です．員数は３人以上が必要で，その過半数は社外取締役**でなければなりません．

（2）監査等委員会設置会社が導入された背景

　指名委員会等設置会社は，取締役等の権限濫用を防止して，適正な経営を行っていくためには監査役の監査では限界があると判断して，取締役会の監督機能に着目し，その権限の強化を図るとともに，経営者（執行役）と監督者（取締役及び取締役会）を分離（「執行と監督の分離」）することによって，取締役等の適正な業務執行の促進を図るという目的で導入されました．

ところが日本の圧倒的多数の株式会社が指名委員会等設置会社を採用せずに，従来通りの監査役（会）制度を採用しています．監査役の監査には限界があり，監査役（会）設置会社よりも優れた制度であるという想定の下で導入されたにもかかわらず，指名委員会等設置会社はなぜ評価が芳しくないのでしょうか．その理由としては，主に３つあります．まずは，取締役が執行役を兼任することが認められているため，執行と監督の分離が徹底されていないということです．

次に，指名・監査・報酬委員会という３つの委員会を必ず設置しなければならないというのは，会社にとっては大変負担でありまた煩わしいからです．さらに，それぞれの委員会の構成員として過半数の社外取締役を選任しなければならないために，その人材の確保が困難であるからです．

そこで**取締役会の監督機能の強化，執行と監督の分離はそのままにして，指名委員会と報酬委員会をなくし，執行役制度を廃止したもの**が，「**監査等委員会設置会社**」です．

（３）監査等委員会設置会社となることのできる会社

取締役会設置会社であれば，監査役設置会社を除いて，**定款で定める**ことによって，公開会社であれ非公開会社であれ，監査等委員会設置会社となることができます．

POINT
・指名委員会等設置会社との違い
① ３つの委員会の内，指名委員会及び報酬委員会は置かなくてもよい
② 執行役及び代表執行役は存在しない
　　業務執行は代表取締役及び取締役が行う

---

56 監査等委員会設置会社　その2
監査等委員である取締役の解任は，株主総会特別決議

(1) 監査等委員の取締役とそうでない取締役の違い

① 選任

監査等委員会設置会社においても，取締役は，株主総会普通決議によって選任されます．ただし，選任にあたっては，監査等委員である取締役とそれ以外の取締役とを区別して行わなければなりません．

また**監査等委員の取締役の選任に関する議案を株主総会に提出する場合**は，**監査等委員会の同意を得なければなりません**．そして監査等委員の取締役は，その選任に関して，株主総会において意見陳述権を有します．この意見陳述権は，解任や辞任の場合にも認められます．

② 解任

監査等委員以外の取締役は株主総会普通決議で解任できますが，**監査等委員の取締役の解任は，株主総会特別決議**によらなければなりません．指名委員会等設置会社の場合は，監査委員会の委員である取締役でも，原則通り株主総会普通決議で解任できるのとは異なります．

③ 任期

監査等委員以外の取締役の任期は，選任後1年以内に終了する事業年度のうち最終のものに関する定時株主総会終結の時までであり，その任期は，定款や株主総会の決議によって短縮できます．それに対して**監査等委員の取締役の解任は，選任後2年以内に終了する事業年度のうち最終のものに関する定時株主総会終結の時まで**です．そしてこの任期は，定款や株主総会決議によっても短縮できません．このように監査等委員の取締役の任期に関する規制は，監査役

（会）設置会社の監査役の場合と同様に，その地位を強化し，独立性を確保するためです．

④ 報酬

報酬等も，選任と同様に，監査等委員の取締役とそれ以外の取締役で区別して株主総会で定めなければなりません．個別の報酬等に関しては，定款や株主総会決議で定められていない場合は，すべての監査等委員の取締役の報酬の総額の範囲内で，監査等委員である取締役の協議によって定めることができます．

また監査等委員の取締役は，選任・解任・辞任の場合と同様に，株主総会において意見陳述権を有します．

（2）取締役会

一般的な取締役会の権限とほぼ同じです．ただし注意しなければならないのは，代表取締役は，監査等委員である取締役以外の取締役の中から選定しなければなりません．

（3）監査等委員会

監査等委員会の**監査等委員**は，3人以上の取締役によって**構成**され，その過半数は**社外取締役**でなければなりません．監査等委員会は，取締役の業務執行の監査，監査報告の作成，株主総会に提出する会計監査人の選任・解任・不再任に関する議案の内容を決定する権限を有します．**その権限は，指名委員会等設置会社における監査委員会とほぼ同様**です．

ただし**監査等委員会固有の権限**として，監査等委員は，監査等委員である取締役以外の取締役の選任・解任・辞任・報酬等について，**株主総会において監査等委員会の意見を述べる**ことができます．これは指名委員会等設置会社における報酬委員会の有する経営評価機能を取り込んだものと説明されています．すなわち，監査等委員以外の取締役の選任等や報酬等についての意見陳述権を有するということは，その前提として監査等委員会は，監査等委員以外の取締

役の選任等や報酬等に関して意見を決定しなければならないからです．

POINT
- 監査等委員会
  ① 構成　3人以上の取締役．その過半数は社外取締役でなければならない．
  監査等委員である取締役の解任は，株主総会特別決議．
  ② 権限
  指名等委員会設置会社における監査委員会の権限
  　　　　　＋
  監査等委員は，監査等委員の取締役以外の取締役の選解任・辞任・報酬について，株主総会において監査等委員会の意見を述べることができる

各種の機関設計

57 機関設計の自由化にあたっての会社法上のルール

機関設計の基準は，①公開会社か否か，②大会社か否か

（1）株式会社の機関設計が原則自由になった背景

　旧商法は，株式会社の機関設計として，委員会等設置会社（現在の指名委員会等設置会社）を除いて，全ての会社に対して，株主総会，取締役3人以上からなる取締役会，代表取締役，監査役の設置を強制していました．さらに特例法によって，大会社については，監査役は3人以上とし，その監査役からなる監査役会と，さらには会計監査人の設置を強制していました．また委員会等設置会社（現在の指名委員会等設置会社）は，大会社についてだけ認められていました．このように旧商法においては，どのような機関設計にするかについての会社の自由は，基本的には認められていませんでした．

　ところが会社法は，一定のルールのもとで，**機関設計の柔軟化・多様化を図り，機関設計の自由を認めました**．これは，一口で株式会社といっても様々な実態の会社があり，それぞれの実態に応じた機関設計を会社が選択できるようにする方が妥当であると考えられたからです．会社法上は，株式会社は大規模な事業を行うことが想定されていますが，小規模で同族的・家族的な会社も多数存在します．また大規模な事業を行っている会社でも，全ての株式の譲渡を制限している非公開会社においては，株主の変動がなく，特定で少数の株主しか存在していないのに対して，公開会社のように株式の譲渡を原則として制限していない会社においては，株主の変動が頻繁で，不特定多数の株主が存在することになります．このように株式会社の実態は多種多様であるため，それぞれの会社が定款に定めることによって，様々な機関設計を可能にしたのです．

（2）全ての株式会社が設置しなければならない機関

株式会社である以上，株主総会と取締役1人以上は必ず置かなければなりません．これが株式会社における最小の機関設計です．従来の有限会社の最小の機関設計に合わせたものです（No. 15参照）．

この最小の機関設計に，一定のルールにしたがって，定款で定めることによって，他の機関を付加することができるようになりました．

（3）会社法が定める機関設計を行う上でのルール〈総論〉

① 取締役会を必ず設置しなければならない会社
「公開会社」，「監査役会設置会社」，「指名委員会等設置会社」，「監査等委員会設置会社」は，必ず取締役会を設置しなければなりません．
「取締役会を設置しなければならない」とは，定款に「取締役会を置く」旨を定めて，取締役会の構成メンバーとして取締役3人以上を選任して，その取締役の中から代表取締役を選定しなければならないということです（ただし，指名委員会等設置会社の場合は，代表取締役ではなく代表執行役）．

② 会計監査人を必ず設置しなければならない会社
大会社は，公開会社であれ非公開会社であれ，必ず会計監査人を設置しなければなりません．また，指名委員会等設置会社，監査等委員会設置会社も，必ず会計監査人を設置しなければなりません．

③ 監査役会または委員会を必ず設置しなければならない会社
公開会社でありかつ大会社は，必ず監査役会か委員会（指名委員会等設置会社の場合の指名・監査・報酬委員会，あるいは監査等委員会設置会社の場合の監査等委員会）のいずれかを設置しなければなりません．

④ 監査役または委員会を必ず設置しなければならない会社

取締役会設置会社は，必ず監査役か委員会（③と同様，3つの委員会か監査等委員会）を設置しなければなりません．ただし，取締役会設置会社であっても，非公開会社で会計参与を設置している会社においては，監査役または委員会の設置は任意となります．

①〜④のそれぞれの会社がなぜそれらの機関を必ず設置しなければならないのか，その理由については次のNo. 58でみていきます．

POINT
- 株式会社の機関設計
    ① 全ての会社に必要な機関
        　　　株主総会＋取締役　1人以上
    ② 取締役会を必ず設置しなければならない会社
        公開会社
        監査役会設置会社
        指名委員会等設置会社
        監査等委員会設置会社

58 各種の機関設計

公開会社は，原則，取締役会と監査役は必置，大会社は，原則，取締役会，監査役，会計監査人は必置

(1) 取締役会を必ず設置しなければならない会社

① 公開会社

公開会社は，発行している株式のうち，その全部または一部について譲渡制限のない会社です（No. 8参照）．公開会社の株主は，その会社の株式を自由に譲渡（売却）できるため，株主は頻繁に変動し，不特定多数であることが想定されます．そして圧倒的多数の株主は，経済的利益の追求を目的としており，その会社の経営には興味がないのが一般的です．そこで公開会社においては，**経営の専門家である取締役を複数人選任して取締役会を構成させ，取締役会において経営に関する重要事項を決定**（業務執行に関する意思決定）**するというシステムが合理的**だからです．

一方，取締役会が設置されることによって，株主総会の権限が縮小されます．そうなると株主による監督機能が弱くなるため，取締役等に権限濫用が生じる恐れがあります．それを防止するために，取締役の経営をチェックする機関が必要となります．そこで，**取締役会を設置した会社は，監査役や３つの委員会**（指名委員会等設置会社の場合），**監査等委員会**（監査等委員会設置会社の場合）という**監査あるいは監督機関のいずれかを置く必要があります**．このように取締役会の設置は，所有と経営の分離を前提としています（No. 5参照）．

② 監査役会設置会社

監査役会は，監査役３人以上で構成されます．監査役が複数存在するということは，それだけ監査が厳格であることを意味します．このような会社は，当然公開会社と同様に，所有と経営の分離が想定された会社です．また，**取締役会を設置しない簡素な機関設計を採用する会社においては，監査役３人以上で**

構成される監査役会を設置するニーズは考えづらく，認める必要もないため，監査役会設置会社は，必ず取締役会を設置しなければなりません．

③ 指名委員会等設置会社，監査等委員会設置会社

3つの委員会（指名・監査・報酬委員会）を擁する指名委員会等設置会社は，取締役会によって各委員が選定されます．したがって，取締役会は不可欠となります．監査等委員会設置会社も，取締役会の監督機能を強化して，執行と監督の分離を図った会社であり，取締役会は不可欠の存在です．

（2）会計監査人を必ず設置しなければならない会社

① 大会社

大会社は，資本金5億円以上または負債総額200億円以上の会社です．すなわち規模の大きな会社です．したがって，公開会社であるかどうかにかかわらず，会社債権者等の利害関係人が多数に上ることが想定されているので，監査は特に厳格にする必要があります．そこで**会計監査の職業的専門家である公認会計士または監査法人を会計監査人として選任し，その監査を受けることが強制**されています．

また，**会計監査人を設置した会社**は，**監査役か委員会のいずれかを必ず設置**しなければなりません．これは，会計監査人の業務執行機関からの独立性を確保するためです．外部機関である会計監査人が，会計のプロフェッショナルとして実効的に会計監査を行うためには，業務執行機関からの独立性を確保することが不可欠です．そのために同じ業務執行機関に対する監査・監督機関である監査役や監査委員会，あるいは監査等委員会に，会計監査人の選任・解任・不再任に関する議案についての同意権が与えられています．

② 指名委員会等設置会社，監査等委員会設置会社

これらの会社においては，計算書類等を作成する者とチェックする者がともに取締役会の構成員である取締役であるため，取締役会から独立した第三者である会計監査人のチェックが必要であると考えられています．

しかも指名委員会等設置会社は，取締役会から執行役への大幅な権限移譲が可能とされているため，監査機能の充実が要請され，内部監査だけではなく，外部監査を行う会計監査人の設置が強制されています（No. 50，54 参照）．

（3）監査役会または委員会を必ず設置しなければならない会社

公開会社である大会社は，監査役会か委員会のいずれかを必ず設置しなければなりません．

大会社は，前述の通り，会社債権者等の利害関係人が多数に上ることが想定されているため，監査を厳格にする必要があり，**会計監査人の設置が強制され**ています．一方，**公開会社**は，株主が頻繁に変動して，不特定多数に上ることが想定されているため，多くの株主は会社の経営に興味も能力もないことが一般的です．そこで経営の専門家である複数の取締役によって構成された**取締役会の設置が強制され**，そこで経営に関する意思決定を行うことになります．そして取締役会が設置されることにより，株主総会の権限が縮小されることから，より内部監査を充実させる必要があり，会社の事業規模の大きさも考慮されて，**監査役会の設置が強制されています．**

また**監査役制度を採用していない公開会社である大会社**に関しては，監査役会を設置している会社とのバランスを考慮して，**指名委員会等設置会社あるいは監査等委員会設置会社としなければならない**とされています．

そうなると**公開会社である大会社**は，監査役制度を採用している会社については，**取締役会・監査役会・会計監査人は必ず置かなければならない**ということになります．そして**監査役制度を採用していない公開会社である大会社**については，**取締役会・委員会**（指名委員会等設置会社の場合は指名・監査・報酬委員会，監査等委員会設置会社の場合は監査等委員会）**・会計監査人は必ず置かなければならない**ということになります．また**非公開会社である大会社**は，大会社であるので会計監査人は必ず置かなければならず，会計監査人設置会社は，必ず監査役か委員会のいずれかを置かなければなりません．そこで**監査役制度を採用している会社については監査役と会計監査人，監査役制度を採用していない会社**については**委員会**（指名委員会等設置会社の場合は指名・監査・報酬委員会，監査等委員会

設置会社の場合は監査等委員会）と会計監査人は，必ず置かなければなりません．

（4）監査役または委員会を必ず設置しなければならない会社

　取締役会設置会社は，監査役か委員会のいずれかを必ず設置しなければならないのが原則です．

　繰り返しになりますが，取締役会が設置されている会社では，所有と経営が分離しており，株主総会の権限が縮小しているため，取締役等の業務執行機関を監査あるいは監督する機関として，監査役か委員会（指名委員会等設置会社の場合は指名・監査・報酬委員会，監査等委員会設置会社の場合は監査等委員会）の設置が強制されています．ところが取締役会設置会社であっても，非公開会社で非大会社の場合は，会計参与を設置すれば，監査役も委員会も設置しなくてもよいとされています．非公開会社の場合，株主は固定され経営に対する意欲も強いことが想定され，株主による直接の監督が期待できます．そして非大会社であるため小規模な事業を行うことが想定されており，そのような会社であれば，監査役や委員会を置かなくても，株主による監督と会計参与によるチェックにより，業務執行機関に対する牽制は可能と考えられたからです．

（5）最小単位の機関設計（株主総会と取締役1人以上のみ）が認められる会社

　非公開会社で大会社以外の場合は，取締役会，監査役（会），委員会，会計監査人，会計参与の設置は強制されていません．株主総会と取締役1人という最小の機関設計も可能です．

（6）会社法が認めていない機関設計

　取締役会を設置しない会社は，監査役会を置くことはできません．
　また，指名委員会等設置会社及び監査等委員会設置会社では監査役（会）を置くことはできません．

（7）機関設計のまとめ

今まで様々な機関設計をみてきましたが，**機関設計に関して会社法が定めているルールの基準**は，① **その会社が公開会社か非公開会社かどうか**，② **その会社が大会社かそれ以外か**，というものです．したがって，機関設計を検討する上での分類は，公開会社・非公開会社，大会社・それ以外の会社の４つです．

POINT
- 公開会社　　取締役会必置　→　監査役または委員会　必置
- 大会社　　　会計監査人必置　→　監査役または委員会　必置
- 公開会社でかつ大会社
　　監査役会または委員会　必置　→　取締役会，会計監査人必置
- 非公開会社でかつ大会社以外の会社は最小単位の機関設計（株主総会＋取締役１人以上）が可能
- 取締役会非設置会社では，監査役会を設置することはできない

株

式

株主の権利と義務
株主は議決権や監督是正権を通して，間接的に会社の経営にタッチできる

(1) 株主の権利

株主は株式会社の所有者として，その地位に基づいて，会社に対して様々な権利が認められています．ここではまず株主の会社に対する権利の全体像をみてみます．

① 自益権と共益権

これは権利の内容に着目した分類です．

自益権とは，会社から経済的利益を受ける権利です．主なものとしては，剰余金（利益）の配当を受ける権利（剰余金配当請求権），残余財産の分配を受ける権利（残余財産分配請求権）が挙げられます．

共益権とは，会社の経営に参画する権利です．この共益権は，① 議決権と ② 監督是正権に分けることができます．株主は株式会社の所有者ですが，会社の経営には参画せず，会社の経営は経営の専門家である取締役や代表取締役に委任するのが原則です（所有と経営の分離，No. 5参照）．ところが株主は，間接的には会社の経営に参画しています．具体的には，① 株主総会に出席し議決権を行使することによって，取締役や監査役を選任・解任したり，会社の根本規則である定款を変更したりといったように，**株主総会における議決権の行使を通して，会社経営に関する基本的方向性を決定**しています．また，② 取締役に会社の経営を，監査役に経営のチェックを委任しているといっても，任せっぱなしにするのではなく，**株主自身が取締役等の行為を監督し，それに問題があれば是正する**権利が与えられています（監督是正権）．

監督是正権の主なものとしては，会社が違法行為を行った取締役等の責任を追及しない場合に認められる代表訴訟提起権，取締役等が違法行為を行う恐れがある場合に認められる違法行為差止請求権，会計帳簿閲覧・謄写請求権，役

員に対する解任請求権等が挙げられます．

② 単独株主権と少数株主権

これは**権利を行使する場合の要件に着目した分類**です．

単独株主権とは，**会社の株式を1株でも有していれば行使できる権利**です．すなわち，原則として全ての株主に認められる権利です．自益権はすべて単独株主権です．共益権のなかで単独株主権の主なものとしては，代表訴訟提起権と違法行為差止請求権が挙げられます．

それに対して**少数株主権**とは，**会社の株式を一定割合以上保有している株主にのみ認められる権利**です．主なものとしては，会計帳簿閲覧・謄写請求権，取締役会設置会社における株主総会招集権，役員の解任請求権等が挙げられます．

（2）株主の義務

株主は，会社に対して引き受けた株式の引受価額を限度とする**出資義務**だけを負い，そのほかには**一切の義務を負いません**．ところが引き受けた株式の引受価額の出資義務は，会社設立の際には会社が成立する前，会社成立後に募集株式を発行する際にはその株式発行の効力が生じる前に全部履行しなければなりません．そして引き受けた株式の引受価額を全て出資した株式引受人が株主となります．したがって引き受けた株式の引受価額を限度とした出資義務とは，あくまで株式引受人の義務であり，**その出資義務を履行した人が株主になってからは，会社に対してもはや何らの義務も負わない**ということになります．

POINT

株主の権利

- 自益権(会社から経済的利益を受ける権利)
  - ・剰余金配当請求権
  - ・残余財産分配請求権,etc
- 共益権(会社の経営に参画する権利)
  - 株主総会における議決権
  - 監督是正権
    - 単独株主権(会社の株式を1株でも有していれば行使できる権利)
      - ・株主代表訴訟提起権
      - ・取締役等に対する違法行為差止請求権
    - 少数株主権(会社の株式を一定割合以上有している株主に認められる権利)
      - ・帳簿閲覧権
      - ・株主総会招集請求権,etc

株主の監督是正権
株主代表訴訟は，1株しか有していない株主でも提起することができる

（1）考え方

　株式会社においては，株主総会で会社の目指すべき経営の方向性が決められ，取締役会で具体的な経営の重要事項を決定し，代表取締役や取締役がそれを実践し，監査役等が経営のチェックを行うという形で運営されていくのが原則です．このように「機関」によって会社経営がなされ，個々の株主は会社経営には直接は関与しないのが原則です．ところが各機関の意思決定や業務執行が違法になされた場合，会社に損害が発生し，個々の株主の利益が害されるおそれがでてきます．

　そこで会社法では，個々の株主に対して，機関，特に**取締役や代表取締役の違法行為に対する監督是正権**が認められています．ここでは監督是正権の主なものとして，**代表訴訟提起権，違法行為差止請求権，会計帳簿閲覧・謄写請求権**について説明します．

（2）3つの監督是正権の関係

① 単独株主権か少数株主権か

　代表訴訟提起権と違法行為差止請求権は単独株主権です．すなわち1株の株主でも行使することができます．それに対し**会計帳簿閲覧・謄写請求権は少数株主権**です．

② 事前対応か事後対応か

　違法行為差止請求権は，取締役等が違法行為をなそうとしている，あるいは現在，違法行為がなされている場合に，一定の要件のもとで認められます．す

なわち**事前対応策**です．それに対し**代表訴訟提起権**は，取締役等が違法行為を行い，会社に損害が発生しているにもかかわらず，会社がその取締役の責任を追及しない場合に認められます．すなわち**事後対応策**です．そして**会計帳簿閲覧・謄写請求権**は，取締役等が違法行為を行う前か後かに関係なく認められます．

（3）違法行為差止請求

　監査役（会）設置会社または委員会設置会社（指名委員会等設置会社，監査等委員会設置会社）においては，**取締役等が違法行為を行っている．あるいは行おうとしており，それによって会社に「回復できない損害」が発生するおそれがある場合に，株主は，その取締役等に対して違法行為をしないように請求する**ことができます．ただし取締役等に対してそのような請求をしたとしても，その取締役が違法行為を中止するとは限らないので，実務的には，裁判所に対して，その取締役等を被告として差止の訴えを提起するのが一般的です．なお，**監査役や監査委員・監査等委員が存在しない会社においては，株主の監督権はより強化されるため**，取締役等の違法行為によって会社に「**著しい損害**」が発生するおそれがあれば，**差止請求権を行使できます**．

　違法行為差止請求権は単独株主権ですが，**公開会社の場合，株主は原則として6カ月前から引き続き株式を有していなければなりません**．このように公開会社においては継続保有の要件を課しているのは，総会屋等の会社荒しが，事に際して臨時的にその会社の株式を取得して，これらの権利を行使するおそれがあるためです．したがって全ての株式の譲渡について会社の承認を要する**非公開会社**においては，総会屋等の会社荒しが会社に入ってくるのを予め防ぐことができるため，**株式継続保有の要件は課されていません**．

　また監査役にも違法行為差止請求権は認められていますが，株主の場合と異なり，監査役の違法行為差止請求権の行使は単なる権利ではなく，義務としての側面も有しています．なぜならば，監査役は取締役等の経営をチェックすることが職務であるからです．したがって取締役等が違法行為を行うおそれがあり，それによって会社に「著しい損害」が生じるおそれがあるにもかかわらず，

その取締役に対して違法行為差止請求権を行使しない場合には，任務懈怠と認定され，その監査役も責任を負う（株主代表訴訟の対象になる）可能性があります（No. 44, 45 参照）．

（4）代表訴訟提起権

違法行為差止請求権の場合と同様，公開会社の株主は，6カ月前から引き続き株式を保有していなければなりません．内容・要件に関しては，No. 36 に詳細に記載しています．

（5）会計帳簿閲覧・謄写請求権

この権利は，違法行為差止請求権や代表訴訟提起権を行使するきっかけを与えるために設けられたものです．取締役等の違法行為は，会計帳簿から判明することが少なくないからです．

① 会計帳簿の意義
株式会社は，法務省令で定めるところにより，適時に正確な会計帳簿を作成することが義務づけられています．**会計帳簿**とは，**商人の営業上の財産に影響を及ぼすべき事項を記載した帳簿**をいいます．「営業上の財産に影響を及ぼすべき事項」とは，契約などの法律行為だけでなく，事故・災害なども含みます．そしてこの会計帳簿に基づき，貸借対照表等の計算書類が作成されることになります．

② 株主による会計帳簿の閲覧謄写請求権の内容
会計帳簿は，株主が，会社経営陣に対して監督是正権を行使する際の重要な資料となります．そのため，会計帳簿の閲覧謄写請求権が**少数株主権**として認められています．

すなわち，**総株主の議決権の100分の3以上の議決権を有する株主または発行済株式の100分の3以上の数の株式を有する株主は，株式会社の営業時間内**

であれば、いつでもこの権利を行使することができます．

　ただし、株主がこの権利を行使するためには、その請求理由を明らかにしなければならず、また会社の側からは、一定の事情が認められる場合には、株主の閲覧謄写請求を拒むことができます．具体的には、次の1）～5）の場合には、会社は閲覧謄写請求を拒むことができます．

1）　その権利の確保または行使に関する調査以外の目的で請求がなされた場合
2）　会社の業務の遂行を妨げ、株主の共同の利益を害する目的で請求がなされた場合
3）　請求株主が、会社の業務と実質的に競争関係にある事業を営んでいたり、それに従事していた場合
4）　会計帳簿の閲覧・謄写によって知り得た事実を、利益を得て第三者に通報するために請求がなされた場合
5）　過去2年以内において、会計帳簿等の閲覧又は謄写によって知り得た事実を、利益を得て第三者に通報したことがある場合

　会計帳簿は、一般的に会社の企業機密を含んでいることが多く、全く自由に閲覧・謄写を認めると、総会屋などに悪用され、会社や株主の利益が害されるおそれがあるからです．そこで、この権利は少数株主権とされるとともに、不当な目的で請求がなされた場合は、会社はその請求を拒否することができるとしているのです．

③ 親会社株主による閲覧謄写請求権

　親会社株主は、その権利行使のため必要があるときは、請求資格のある株主と同様に、**会計帳簿の閲覧謄写請求**を行うことができます．ただし、この請求をする場合には、**裁判所の許可**を得なければなりません．そして、請求資格のある株主の場合と同様に、親会社株主に②の1）～5）に該当する事由があった場合、裁判所はその請求を許可することはできません．

POINT

株主の監督是正権

```
            事前        |        事後
─────────────────────────┼─────────────────────────→
                      違法行為
        違法行為差止請求権    代表訴訟提起権
               ↑              ↑
               会計帳簿閲覧謄写請求権
```

61 種類株式
会社は，内容の異なる2種類以上の株式を発行することもできる

株式会社は，定款で定めることによって，一定の事項について内容の異なる2種類以上の株式を発行することができます．この内容の異なる2種類以上の株式を**種類株式**といいます．種類株式は，全部で9種類あります．

（1）剰余金の配当に関して内容の異なる株式

会社が剰余金の配当をする場合に，その配当率等について標準となる株式を**普通株**，普通株より優先的に配当をもらえる株式を**優先株**，普通株より劣後的な地位を与えられる株式を**劣後株**といいます．

このように地位の異なる株式の発行を認めるメリットとしては，業績不振に陥った会社が新株を発行して資金を調達する場合，新株として優先株を発行することによって，株式を引き受ける人を求めやすくなります．その一方，会社の業績が好転した場合は，新株として劣後株を発行することによって，既存の株主に不利益を与えないようにすることができます．このように会社の状況に応じて，普通株・優先株・劣後株を使い分けて発行することによって，円滑な資金調達と既存の株主の保護を図ることができます．

（2）残余財産の分配に関して内容の異なる株式

会社が清算する際に，会社債権者に分配して，残った会社財産を株主に分配するにあたっても，剰余金の場合と同様，普通株・優先株・劣後株として株式を発行することが認められます．

（3）株主総会の議決権行使に関して内容の異なる株式

これは「**議決権制限株式**」といわれるものです．この株式を有する株主に対しては，**株主総会における議決権の全部または一部を与えない代わりに，剰余金の配当に関して優先権を与えるという内容の株式**です．株主の中には，会社から経済的利益だけを得ることを目的とする人も多く，そのような株主は，株主総会に参加して議決権を行使することに興味がないのが通常です．そのような株主には剰余金の配当に関して優先権を与えるとともに，会社からすれば議決権を制限することによって，会社の支配関係に変動を生じさせることなく資金調達を図ることができます．すなわち株主・会社双方のニーズとメリットを満たすことが可能となります．

ところが，この議決権制限種類株式に関してはデメリットもあります．それは，この議決権制限株式が大量に発行されると，一部の株主が会社を支配し，会社経営の方向性を決めてしまうおそれがあるということです．そこで，通常多数の株主が存在する**公開会社の場合**には，この**議決権制限株式の数が発行済株式総数の2分の1を超えた場合には，ただちに議決権制限株式の数を発行済株式総数の2分の1以下にするための必要な措置をとらなければならない**とされています．一方，全部の株式について譲渡するにあたっては会社の承認が必要とされる非公開会社においては，このような制限はありません．

（4）譲渡による株式の取得に関して内容の異なる株式

これは「**譲渡制限付種類株式**」といわれるものです．株式の譲渡は原則として自由ですが（株式譲渡自由の原則，No. 6参照），定款で，譲渡による株式の取得については，会社の承認を要する旨を定めることができます．発行する全ての株式について譲渡制限を設けた会社が非公開会社ですが，発行する株式の一部について譲渡制限を設けることもできます．**譲渡制限付種類株式**とは，**株式の一部について譲渡制限を設けたもの**をいいます．

（5）取得請求権付種類株式

　株式会社は，発行する株式の一部について，株主が会社に対して，自己が保有している会社の株式を「取得せよ」と請求することができる旨を定款に定めることができます．株主が会社に対して，「自己が保有する株式を取得せよ」と請求した場合，会社はその株式と引換に，請求してきた株主に対して，社債・新株予約権その他の財産を提供しなければなりません．したがって会社は，この取得請求権付種類株式を発行する場合には，定款で，その発行可能株式総数を定めるとともに，その種類株式と引換えに交付される社債・新株予約権その他の財産についての内容・数・額・算定方法等を定めなければなりません．

（6）取得条項付種類株式

　株式会社は，発行する株式の一部について，会社に一定の事由が生じたことを条件として，株主が保有するその会社の株式を取得することができる旨を定款に定めることができます．（5）の取得請求権付株式は，株主が会社に対して，「取得せよ」と請求できる内容の株式であるのに対し，この取得条項付株式は，会社が，株主からその保有する株式を強制的に取得できるというものです．そしてこの種類株式も会社が取得した株式と引換に，株主に対して，社債・新株予約権その他の財産を提供しなければなりません．したがって会社は，定款で，その発行可能株式総数を定めるとともに，強制的に取得できるための「一定の事由」，その取得と引換えにその株主に対して交付する社債・新株予約権その他の財産についての一定事項またはその算定方法について定めなければなりません．

POINT
・取得条項付種類株式

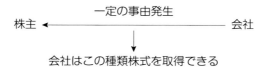

（7）全部取得条項付種類株式

　この全部取得条項付種類株式が（6）の取得条項付種類株式と異なる点は，一定の事由が生じたことを条件とするのではなく，**株主総会の特別決議によって，その全部の株式を株主から会社が取得できる**ということです．これは，いわゆる「100％減資」を可能にするためです．「100％減資」とは，経営状態が悪化した会社がその全部の株式を取得した後に，その株式を消却していったん資本金をゼロにするとともに，同時に新株を発行して新しい株主から資金の提供を受け，会社の再生を図るというものです．すなわち株主は，これによって総入れ替えされることになります．

　この「全部取得条項付種類株式」を発行する場合は，定款で，その発行可能株式総数を定めるとともに，取得対価の決定方法等について定めなければなりません．

POINT
・全部取得条項付種類株式

　　　　　　　　株主総会決議
　株主 ←──────────── 会社
　　　　　　　　　│
　　　　　　　　　↓
　　　会社はこの種類株式全部を取得できる

(8) 拒否権付種類株式

これは，株主総会等で決議すべき事項について，株主総会等の決議の他，この種類株式を有する株主を構成員とする別の株主総会（種類株主総会）の決議を必要とする株式です．すなわち，その種類株主総会の決議がないと，株主総会等の決議は効力を生じないことになります．したがって，この種類株式には，株主総会等の決議事項について拒否権が認められるということになります．

この種類株式は「黄金株」とも言われています．なぜそのように言われるかというと，極めて強いパワーを有する株式だからです．たとえば，X株式会社の定款に「合併をするにはこの種類株主総会の決議を要する」と定められていれば，X株式会社がY株式会社と合併するという話しがでた場合，X社の株主総会で合併決議がなされたとしても，この種類株式を有する株主の株主総会でこの合併が否決されれば，合併は不成立となります．

この種類株式を発行する場合には，定款で，発行可能株式総数を定めるとともに，その種類株主総会の決議があることを必要とする事項等について定めなければなりません．

(9) 取締役・監査役選任権付株式

この種類株式は，この種類株式を有する株主を構成員とする種類株主総会で，取締役または監査役を選任することができる株式です．

POINT
- 種類株式
  ① 剰余金の配当・残余財産の分配について内容の異なる株式
  ② 議決権制限株式
  ③ 譲渡制限株式
  ④ 取得請求権付株式
  ⑤ 取得条項付株式

⑥ 全部取得条項付株式
⑦ 拒否権付株式
⑧ 取締役・監査役選任権付株式

62 株式全部の内容について特別の定めのある株式

会社は，1種類のみの株式全てについても特別の定めを置くこともできる

　会社法は，株式会社が一定の事項について内容の異なる2種類以上の株式を発行する（種類株式）ことを認めていますが，それに加えて，**会社が1種類の株式のみを発行している場合にも，その全部について特別の定めを置くことも**認めています．すなわち定款で，**会社が発行する全部の株式について共通する特別の定めを置くことができます**．発行する株式の全部に共通する内容として特別の定めを設けることができるのは，**譲渡制限付株式，取得請求権付株式，取得条項付株式**の3つです．この3つ以外の事項については，定款で特別の定めを設けることはできません．

（1）譲渡制限付株式

　株式は，自由に譲渡できるのが原則です．なぜなら株式の譲渡は，株主にとって投下資本を回収するための重要な手段であるからです（No. 6参照）．ところが会社にとって好ましくない者が株主となって，会社の運営を阻害されることを防止し，会社の運営を安定させる必要性が高い会社も少なくありません．そこで**株式の全部の内容として，定款による株式の譲渡を制限することが認め**られています．この定めをした株式会社は，「**非公開会社**」となります．

　定款に株式の譲渡制限の定めを置いていなかった会社が，新たにこの定めを設ける場合，それによって既存の株主の利害に重大な影響が生じるため（既存の株主は，自己が保有する株式を自由に譲渡できると考えていたのに，それが制限されることになるため），**株主総会の特殊決議**という厳格な要件が課されています．具体的には，議決権を行使することができる株主の半数以上で，その株主の議決権の3分の2以上の賛成が必要となります．なお，定款による株式の譲渡制限の具体的内容に関しては，次項（No. 63）で説明します．

(2) 取得請求権付株式

株式会社は，定款で，その発行する株式の全部の内容として，株主が会社に対して，自己が保有する株式の取得を請求することができる旨を定めることができます．株主からの請求に基づいて，会社が自己の株式を取得できる制度です．この制度を採る場合，会社は，株式1株を取得するのと引換に，株主に与える社債・新株予約権その他の財産についての内容・数・額・算定方法等を定款に定めておく必要があります．なお，定款を変更して，この定めを置く場合は，株主総会の特別決議が必要です．

(3) 取得条項付株式

株式会社は，定款で，その発行する株式全部の内容として，会社が一定の事由が生じたことを条件として，自己の株式を取得することができる旨を定めることができます．一定の事由が生じた場合には，株主から強制的に株式を取得できるわけです．これは，会社が自己株式を消却する便宜のために用いられる制度です．すなわち株式会社が自己株式を消却する前段階として，自己の株式を取得できるようにするためです．

なおこの制度は，株主にとってその会社の株主としての地位を強制的に奪われるという重大な結果が生じます．したがって，定款を変更して，新たにこの定めを設けたり，あるいはこの定めに関する事項を変更する場合には，株主全員の同意という極めて厳格な要件を必要としています．

POINT

全部の株式について特別の定め ─┬─ 譲渡制限付株式
　　　　　　　　　　　　　　　├─ 取得請求権付株式
　　　　　　　　　　　　　　　└─ 取得条項付株式

・譲渡制限付株式
　株主が株式を譲渡するにあたって会社の承認が必要

・取得請求権付株式

・取得条項付株式

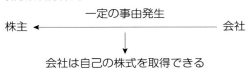

63 株式譲渡自由の例外 その1 定款による譲渡制限

定款によっても株式の譲渡を禁止することはできない

(1) 総　　論

　株式会社では，原則として株主の個性は重視されないため，株主の地位である株式の自由な譲渡を認めることができます．また株主は，自己の地位を会社に買い取ってもらうことによる投下資本の回収が認められていないため，株式の自由な譲渡は，株主の投下資本回収のための重要な手段として認める必要があります．そこで会社法は，「**株式譲渡自由の原則**」を定めています（No. 6 参照）．ところが，各種の理由により，株式譲渡自由の原則は，法律の規定による制限がなされたり，定款で，発行する全部の株式，または一部の種類の株式について譲渡制限が設けられています．ここでは，まず定款による株式の譲渡制限についてみていきます．

(2) 定款による株式の譲渡制限の趣旨

　会社にとって好ましくない者が株主となって会社の運営を阻害することを防止し，会社の運営を安定させる必要が高い場合に，譲受人が譲渡による株式を取得できるためには，その株式を発行している会社の承認を要する旨を定款で定めることが認められています．

(3) 株式の譲渡による取得を承認する機関

　取締役会設置会社に関しては取締役会であり，それ以外の株式会社では株主総会が承認の機関となります．ただし，定款で別段の定めをすることもできます．たとえば，取締役会設置会社においても，株主総会や代表取締役を承認機

関とすることも可能です．

（4）定款における定め方

定款には，「譲渡による株式の取得については，当社の取締役会（または株主総会）の承認を要する」という形で定められるのが一般的です．したがって，**定款で，株式の譲渡を禁止することはできません**．株式の譲渡自体を禁止するということは，株主の投下資本回収の途を閉ざすことになるからです．

また，**株式の譲渡以外の株式の移転について，会社の承認を要する旨を定めることはできません**．これは譲渡のように意思表示に基づいて株式を移転する場合以外，すなわち**相続や合併の場合は，会社の承認を得なくても移転できる**ということです．ところが相続等の場合であっても，会社にとって好ましくない者が株主となることはあり得ます．そこで株式会社は，相続その他の一般承継により株式を取得した者に対して，その取得した株式を会社に売り渡すことを請求できる旨を定款で定めることができます．これによって相続等の場合であっても，会社にとって好ましくない者が株主となることを阻止することが可能となります．

（5）定款による株式の譲渡制限の効力

このような**譲渡制限の定めが設けられているにもかかわらず，株主が会社の承認を得ることなく，第三者に株式を譲渡した場合でも，譲受人はその株式自体を取得することはできます**．ところが会社の承認がない以上，会社に対して，**株主名簿の名義書換**（No. 68，69 参照）**を請求することはできません**．すなわち**譲受人は，株主たる地位を取得したことを会社に対して主張できない**ということです．その結果，会社の承認を得ずに株式を取得した譲受人は，会社運営に口出しすることはできず，会社にとって好ましくない者が株主になることを防ぐという株式譲渡制限の目的は達成することができます．なおこの場合，会社は，会社の承認を得ずに株式を譲渡したその譲渡人を株主として扱わなければならないというのが，裁判所の判断（判例）です．

POINT

- 定款による株式の譲渡制限
  ① 趣旨：会社にとって好ましくない者が株主となって会社の運営を阻害することを防止
  ② 承認機関：取締役会設置会社の場合，取締役会，それ以外の会社の場合，株主総会
  ③ 定め方：株式の譲渡を禁止する定めは不可
  　　　　　相続・合併による株式の移転を制限することは不可
  ④ 効力：

  譲渡人 ──────譲渡制限のある株式を承認なく譲渡──────→ 譲受人
  　　　　　　　　　　　　　　↓
  　　　　　譲受人は株式名簿の名義書換を請求できない

64 株式譲渡自由の例外　その２　法律による制限

権利株と株券発行前の株式の譲渡制限は、会社の便宜のため

株式の譲渡に関しては、定款による制限のほかに、会社法は、主に譲渡の時期に関する制限と子会社による親会社株式の取得の制限を設けています．

```
                    ┌ 時期による制限 ┌ 権利株譲渡制限
法律による制限 ┤                    └ 株券発行前譲渡制限
                    │ 自己株式取得制限
                    └ 子会社による親会社株式取得禁止
```

（１）譲渡の時期に関する制限

① 株式引受人たる地位の譲渡

これは「**権利株**」の譲渡といわれているものです．**権利株**とは、**株主となる権利**です．すなわち、**会社成立前**（株式会社はいくら実体ができあがったとしても、それだけでは成立したことにはなりません．実体ができあがった後、設立の登記をしてはじめて会社は成立します）などの**株式引受人の地位**を**権利株**といいます．この**株式引受人の地位の譲渡**は、**当事者間においては有効ですが、会社に対しては対抗できません**．会社に対して対抗できないとは、**株式引受人の地位（権利株）を譲り受けた譲受人は、会社に対して、自分が株主としての地位を取得したことを主張できない**ということです．

これは、会社成立前などに権利株の譲渡による株式引受人の地位の交代を認めると、会社としては、誰を株主として確定したらよいのかわからなくなるからです．すなわち、株式引受人の地位の譲渡の制限は、設立手続等の渋滞を防止するためです．

② 株券発行前の株式の譲渡

株券とは，株主の地位である株式を表わした有価証券です（No. 66 参照）．会社法では，株式会社は定款に定めた場合に限って株券を発行できることになっており，**株券発行会社**において，**その株券を発行する前に株式の譲渡**がなされたとしても，権利株の譲渡と同様に，**その譲渡は当事者間においては有効**ですが，**会社に対しては対抗できません**．すなわち，この場合の株式の譲受人は，会社に対して，自分が株主としての地位を取得したことを主張できません．

株券発行前に株式の譲渡を認めると，会社としては，誰に株券を発行したらよいのかわからなくなるからです．すなわち，株券発行事務の渋滞を防止するためです．

このように**株式の譲渡に対する時期による制限**は，**会社の便宜のためのもの**です．会社の便宜のための株式譲渡に対する制限であるため，①の場合も②の場合も，会社側から，その譲渡の効力を認めることはできます．すなわち，会社は，権利株の譲受人を株主として，または株券発行前の株式譲渡による譲受人を株主として扱うことは認められています．

（2）子会社による親会社株式の取得制限

子会社は，原則として，親会社の株式を取得することができません．

親会社は，原則として子会社の総株主の議決権の過半数を握っており，実質的にその子会社の経営を支配しているといえます．そして子会社が親会社の株式を取得するとなると，その対価を親会社に支払わなければなりません．そうなると子会社は，親会社が出資した財産（子会社が発行した株式の代金として親会社が子会社に払い込んだ金銭等）を再び親会社に払い戻すことになります．このようなことが自由に行われると，子会社の会社財産が空洞化することになります．

また，子会社が親会社の株式を取得すると，その取得した株式数に応じて，親会社の株主総会における議決権を子会社が一定数押さえることができます．そうなると親会社の取締役の選任等に関しても子会社が影響力を行使することになります．そこに着目した親会社の会社支配に子会社が利用され，会社支配の公正が害されるといった弊害が生じるおそれもあります．

212　株　式

　このような弊害を防止するために，子会社による親会社株式の取得は，原則として禁止されているのです．

POINT
　・株式譲渡の時期的制限

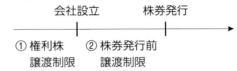

　株式引受人たる地位の譲渡 ──┐
　　　　　　　　　　　　　　　├──→ 会社に対抗できない
　株券発行前の株式譲渡 ────┘

---

65 単元株制度

単元株制度は，株主管理コストの削減を目的としたもの

(1) 考　え　方

　単元株制度とは，定款で定めた一定数の株式をまとめたものを1単元として，1単元以上の株式を有する株主には，株主としてのすべての権利を認めるが，1単元に満たない株式しか持たない株主（単元未満株主）には，株主としての権利を制限するという制度です．

　株主数の多い株式会社では，株主に対する株主総会に際しての招集通知や参考書類の送付等，その管理コストは莫大な額に上ります．したがってわずかな数の株式しか持たない株主と多数の株式を有する株主を同じように扱うことは，会社にとって不経済で不合理であるといわざるを得ません．そこで**株主の管理コストを削減するために**，いくつかの株式をまとめたものを1単元として出資単位を大きくして，1単元を満たす株式を有する株主とそうでない株主で，権利行使に関して異なる扱いをすることを認めたものが単元株制度です．

(2) 1単元の株式数の定め方

　1単元の株式数は，必ず定款で定めておかなければなりません．その数は，会社の判断で決めることができます．ただし，あまりにも大きな数を1単元とすると，少数の株式しか有しない株主の利益が害されるおそれがあるだけではなく，個人投資家の参入が困難になって，株式の流通性が害されることになります．

　そこで会社法は，**定款で定めることのできる1単元の株式数の上限は1000株**と定めています．この場合，1000株に満たない株式しか保有していない株主が単元未満株主となり，その権利行使が制限されることになります．

（3）単元未満株主の権利制限の内容

単元未満株主は，その有する単元未満株式について，**株主総会において議決権を行使することができません**．したがって，株主総会の決議において単元未満株式は，議決権を行使することができる株主の議決権の数には参入されません．また単元未満株主に対しては，会社は株主総会の招集通知を送る必要もありません．

ただし，**単元未満株主に対しても**，剰余金の配当請求権や残余財産の分配請求権といった**会社から経済的利益を受ける権利を奪うことはできません**．

（4）単元株制度を導入する場合の要件

（3）の通り，単元株制度が導入されることによって，単元未満株主は不利益を受けることになります．したがって，定款を変更することによって単元株制度を導入する場合，あるいは1単元を構成する株式数を増加させる場合には，株主総会の特別決議の承認を得なければなりません．

（5）単元未満株主の保護

① 会社に対する株式買取請求権

単元未満株主は，会社に対して，自己の有する単元未満株式を「買い取ってくれ」と請求することができます．これは，単位未満株主にとって，投下資本回収のための最後の切り札として認められています．したがって，会社は定款の定めによってこの権利を奪うことはできません．

② 会社に対する売渡請求権（買増請求権）

単元未満株主は，定款に定めがあれば，会社に対して，自己が有する単元未満株式と併せて1単元となる数の株式の売り渡しを請求できます．たとえば，1000株を1単元としている場合，900株を保有している単元未満株主は，会社

に対して，「100株売ってくれ」と請求できます．

POINT
単元株制度：定款で定めた一定数の株式をまとめたものを1単元とし，1単元株式には1議決権を認めるが，単元未満株式には議決権を認めない制度
単元未満株主の権利
・株式買取請求権
・株式売渡請求権

66 株券 その1 株券発行会社の株券不所持制度

株券は，会社が必ず発行しなければならないものではない

（1）趣　　旨

株券とは，株式すなわち株主たる地位を表す有価証券のことです．有価証券とは，簡単にいえば権利を表した価値のある紙です．株式とは細分化された均一的な割合的単位という観念的な目に見えない権利であり，この目に見えない権利を株券という紙に表して見えるようにすることによって，株式譲渡等の法律関係を明確にすることができるのです．

（2）株券は発行しないことが原則

旧商法においては，株式会社は，原則として株券を発行しなければならないとされており，定款で定めることによって，株券を発行しないことも認められてきました．ところが会社法では，**株式会社は株券を発行しないことを原則**とし，**例外**として，**株券を発行できる旨を定款で定めることができる**となりました．すなわち，株券の発行に関しては，会社法と旧商法では原則と例外が逆転したわけです．これは，旧商法の時代から中小企業においては株券を発行していない会社が多いことや，上場会社においては平成21年に株券の不発行を前提とした株式振替制度が施行（上場株券の電子化）されたことを考慮したものです．

（3）株券の発行手続

会社法は，株券を発行する旨の定款の定めがない株式会社を「**株券不発行会社**」，株券を発行する旨の定款の定めがある株式会社を「**株券発行会社**」と定めています．株券発行会社においては，株式を発行した日以降遅滞なく株券を

発行しなければならないのが原則です．ところが会社が発行している全ての株式について譲渡制限が設けられている非公開会社の場合は，株主からの請求があるまでは株券を発行しないことができます．

（4）株券不所持制度

① 株主より株券不所持の申出があった場合の会社の対応

株券発行会社においても，株主から「株券の所持を希望しない」旨の申し出（株券不所持の申出）があれば，その株主について株券を発行しないことができます．これは，株券を所持していれば紛失等により株券を喪失する危険が大きいことから，株券を長く，しかも安全に保有することを望む株主のために認められた制度です．

株主から株券不所持の申出があった場合，株券発行会社は，事務処理上の支障を理由に，その申出を拒絶することはできません．株券発行会社は，遅滞なく，その株式にかかる株券を発行しない旨を株主名簿に記載しなければなりません．そして株主名簿にその旨を記載した場合は，株券発行会社は，その株式にかかる株券を発行することはできなくなります．

② 株券不所持の申出をした株主による株券発行の請求

株券不所持の申出をした株主は，株券発行会社に対して，いつでも，その株式にかかる株券の発行を請求することができます．これは，株主にとって株式の譲渡等をするために株券が必要になる場合もあるからです．

POINT
　株券：株主たる地位（株式）を表す有価証券
　株券発行会社：株券を発行する旨の定款の定めがある会社
　　　　　　　　株主から株券不所持の申出があれば，会社はそれに応じなければならず，その旨を株主名簿に記載しなければならない

67 株券 その2 効力
株券を持っている人が真の株主と推定される

　株式という目に見えない観念的な権利を株券という有価証券に表すことによって，すなわち目に見えるようにすることによって，法律関係を明確にすることができます．それによって株券を所持している人は，法律上様々なメリットを受けることができます．

（1）単独で会社に対して名義書換を請求できる

　株式譲渡の方法は，株式会社が株券不発行会社であるか，株券発行会社であるかによって異なります．**株券不発行会社の株式の譲渡は，譲渡人と譲受人の意思表示のみによって行われます**．それに対し**株券発行会社の株式の譲渡は，譲渡人が譲受人に株券を交付しなければ，その効力は生じません**．すなわち当事者間の意思表示のみでは株式は移転しないのです．このように株券不発行会社と株券発行会社では，株式譲渡の方法が異なりますが，**ともに株主名簿の名義書換をしないと，譲受人は，会社に対して株主としての権利を主張**（対抗）**することができない**という点では共通しています．

　株主名簿に関しては，No. 68～70 で詳細に説明しますが，たとえばX株式会社の株主AがBに株式を譲渡した場合，Bは，X社の株主名簿に自己の名前・住所等を記載しないと，すなわち名義書換をしないと，X社に対して「配当をよこせ」とか「株主総会で議決権を行使させろ」といった株主としての権利を主張することができません．そして株券不発行会社において株主名簿の名義書換をするためには，譲受人Bは，取得した株式の名簿上の株主（この場合，一般的には譲渡人A）と共同でそれを行わなければなりません．ところが**株券発行会社の場合，株券の交付を受けた譲受人Bは，X社に対して，その株券を呈示して，単独で名義書換を請求することができます**．

（2）株券を所持していれば真の株主と推定される

株券の所持人（占有者）は，その株券にかかる**株式についての権利を適法に有する者と推定**されます．すなわち，どのような理由で株券を取得したかを問わず，**株券を所持（占有）していれば，それだけで権利を適法に有する者と推定されて，一応権利者と認められます**．これを，株券所持の「**資格授与的効力**」とよんでいます．株式の譲渡には株券の交付が必要である以上，株券を所持（占有）している者が株主である可能性が非常に高いので，株券の所持人にこのような効力が認められています．株券の所持に資格授与的効力が与えられる以上，次のような法律上の効果が発生します．

1) 株券の所持人は，会社に対して，自分が真実の株主であることを立証することなく，株主としての地位を主張できます．一方，株券の所持人から株主としての地位を主張された会社は，その株券の所持人が真実の株主でないということを立証しなければ，その主張を拒むことができません．
2) **株券の所持人を真実の株主として扱った者は，原則としてすべての責任から解放**されます．これを株券所持の「**免責的効力**」といいます．たとえば，株券を盗んだ者が株主のふりをして権利を主張した場合に，会社がその株券を盗んだ者を株主と信用して権利を認めたときは，会社は，真実の株主に対して責任を負わなくてもよいことになります．ただし，会社が，真実の株主が他にいることを知っていた場合（悪意），またはそのことを知らなかったことについて著しい不注意（重過失）があった場合には，免責されません．

（3）善意取得

株券を所持している者が無権利者であっても，その者から株券の交付を受けた譲受人は，譲渡人が無権利者であることを知らなかった（善意），そして知ら

ないことについて著しい不注意がなかった（無重過失）場合は，その株式についての権利を取得します．これが株式の**「善意取得」**の制度です．たとえば，Aが紛失した株券をBが拾って，BがこれをCに譲渡した場合，Cは，Bが無権利者であることについて，善意でかつ重大な過失がないときは，その株式について権利を取得することになります．株券は転々と流通することが前提となっている以上，取引の安全を保護する観点から，この制度が認められています．

POINT
株券所持の効力
・株式の譲渡を受けた譲受人は，単独で会社に対して名義書換請求が可能
・資格授与的効力
・免責的効力
・善意取得

68 株主名簿 その1 総論
株主名簿とは，会社にとって誰が株主かを確定するもの

(1) 制度趣旨

　株主名簿とは，株主および株券に関する事項を明らかにするために，会社法上，株式会社に作成が義務付けられている帳簿です．株式会社では，株式の譲渡によって会社とは無関係に株主が変更になり，絶えず変動する多数の株主が存在するのが通常です．その中で会社は常に真実の株主に権利を行使させなければ適法とはいえないとすると，事務処理は事実上不可能となります．また株券不発行会社では株券が存在しないため，会社も第三者も誰が現在の株主なのかを確定することは容易ではありません．そこで，**会社の事務処理上の便宜と株券不発行会社における法律関係を明確にするため**，会社にとって誰が株主であるかを決定する基準として，**株主名簿制度**が採用されています．

　すなわち**株主名簿の制度**は，名簿上の記載を基準として株主を形式的・画一的に確定し，会社は，その名簿上の株主に対して通知や権利行使の催告をすれば足りることとして，会社の事務処理上の便宜を図ることを目的としています．

　一方，株主名簿制度の採用により，**株主名簿に記載されている株主**は，会社から**各種の通知を受けることができ，権利行使の機会も確保される**ことになります．また，**株主は権利行使のたびに株券を呈示する必要もなくなり，株券を紛失したり盗まれたりする危険も軽減**できます．したがって**株主名簿制度**は，会社の事務処理上の便宜だけではなく，**株主の利益**にもつながるのです．

(2) 株主名簿への記載事項

　株主名簿には，次の事項を記載しなければなりません．

1）各株主の氏名または名称（株主が法人の場合）および住所
2）各株主の有する株式数
3）各株主が株式を取得した日
4）各株主がその取得した株式にかかる株券の番号（株券発行会社の場合のみ）

（3）株主名簿の名義書換

　株式を取得した者の氏名（または名称）および住所を株主名簿に記載することを**株主名簿の名義書換**といいます．株式の譲渡だけではなく相続等取得の事由を問わず，株式を取得した者は，会社に対して，株主名簿の名義書換を請求することができます．**名義書換の請求**にあたっては，**株券発行会社の株主**は，会社に対して株券を呈示することによって，**単独で行うことができます**．これは，株券発行会社においては，株券の占有者（所持人）は，適法にその権利を有する者と推定されるからです．それに対し**株券不発行会社の株主**は，株式の譲渡人等，それまで株主名簿上に株主として記載された者と共同して，**名義書換の請求を行わなければなりません**．これは会社としては，名義書換を請求してきた者が本当に株式の譲受人であるかどうかを把握する手段がないからです．

　株式を取得した者は，この名義書換をしない限り，会社に対して，自分が株主であることを主張（対抗）することができません．そして名義書換の請求を受けた会社は，その請求をしてきた者が，真実の株主ではない，すなわち無権利者であることを立証しない限り（無権利者であると証明できる証拠がない限り），名義書換の請求を拒むことはできません．

POINT
　株主名簿：株主に関する事項を明らかにするため作成を要する帳簿
　名義書換：株式を取得した者の氏名・住所等を株主名簿に記載すること

株主名簿 その2
名義書換の効力
株主が会社に対して権利を主張するには株主名簿の名義書換が必要

　株主名簿の名義書換によって，会社にとっても株主名簿上に氏名と住所を記載された者にとっても，様々な効用が生じます．具体的には，（1）**資格授与的効力**，（2）**免責的効力**，（3）**確定的効力**の3つです．

（1）資格授与的効力

　名義書換の資格授与的効力とは，**株主名簿に株主として記載されている者は，株主と推定される**という効力です．すなわち，株主としての資格を授けられるという効力です．たとえば，株主名簿上に真実の株主Aが記載されていたとします．その後，AがBに株式を譲渡したが，株主名簿上には依然としてAが株主として記載されていた場合，会社との関係ではAが株主と推定されます．したがって，Aは会社に対して，剰余金の配当を請求したり，株主総会において議決権を行使したりといった株主としての権利を当然に行使できます．また会社も，Aに対して，株主総会の招集通知を送ったり，その他の権利行使の機会を与えればよいということになります．

（2）免責的効力

　名義書換の免責的効力とは，**会社は，株主名簿に株主として記載されている者を株主として扱えば，原則として免責され，責任を負わない**という効力です．たとえば（1）の例で，会社は，株主名簿上の株主であるAに剰余金の配当を行った場合，真実の株主であるBが会社に対して損害賠償責任を追及してきたとしても，会社は，原則として損害賠償責任を負うことはありません．ただし，真実の株主がBであることを，会社が知っていた（悪意）場合，あるい

はBが真実の株主であることを知らなかったことについて，会社に著しい不注意（善意重過失）があった場合は，会社は損害賠償責任を負うことになります．

（3）確定的効力

　名義書換の確定的効力とは，**株主は，名義書換を行わない限り，会社やそれ以外の第三者に対して，自己が株主であることを主張（対抗）できないという効力**です．**対抗力**ともいいます．すなわち会社や第三者に対して自己が株主であることを主張するための対抗要件です．これは，名義書換を行っていない株主が会社に対して株主としての地位を主張（対抗）できないというものであり，会社の側から，名義書換を行っていない株主を，株主と認めて株主権を行使させることは問題ありません．

　会社に対する対抗要件とは，会社に対して「株主総会で権利を行使させろ」とか「剰余金の配当をよこせ」と主張するための要件です．第三者に対する対抗要件とは，たとえば真実の株主Aが，株式をBだけではなくCにも譲渡した場合，BとCの間で「私が株主だ」「いや俺だ」と争いが生じた場合に，相手方に自分の方が優先することを主張するための要件です．この場合，BとCは，先に名義書換を行った方が，優先することになります．

　なお株券発行会社においては，第三者に対する対抗要件は問題とはなりません．なぜならば株券発行会社の場合，株券を占有（所持）している者だけが権利者として名義書換を請求できるのであって，株券を占有していない第三者は，そもそも株主名簿上の株主となること自体ができないからです．

POINT
名義書換の効力

資格授与的効力	株主名簿に株主として記載されている者は株主と推定される
免責的効力	株主名簿に株主として記載されている者を株主として扱えば，会社は，善意・無重過失であれば，すべての責任から解放される
確定的効力	株主は名義書換を行わない限り，会社・第三者（株券発行会社では会社）に対して，株主であることを対抗できない

70 株主名簿　その3　基準日
基準日とは会社が株主として権利行使させる者を確定する制度

（1）趣　　旨

　株主名簿の制度によって，株式会社は，株主名簿上の株主だけを株主として画一的に扱えば足りるので，株主関係の事務処理を円滑・簡明に行うことができます．ところが株式の譲渡により，株主は絶えず変動し，それに伴って名義書換も頻繁に行われることになるため，いつの時点で株主名簿に記載されている株主に権利行使を認めるのか，またそれをどのようにして把握するのか，という問題が生じます．

　そこで会社法は，**一定の基準となる日を定め，その日において株主名簿に記載されている株主を権利行使できる者として定めることができる**としています．これが「基準日」という制度です．この制度があることによって，会社は，会社に対して権利を行使できる者を明瞭かつ容易に確定することができます．すなわち**基準日とは，会社が株主として権利を行使させるべき者を確定する制度**です．

　たとえば平成28年3月31日を基準日と定めたX株式会社の株主Aは，平成28年2月28日にBに自己の株式を譲渡したとします．ところが基準日において名義書換がなされておらず，株主名簿上の株主は依然としてAのままであったとします．この場合，X社は，Aを株主として扱い，Aに対して株主総会の招集通知を送ったり，Aに剰余金の配当請求権を与えれば問題ないわけです．

POINT

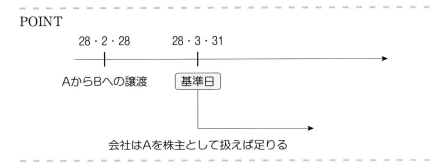

（2）基準日の定め方

　基準日は定款で定めなければ効力が生じません．そして基準日は，**権利行使ができる日の３カ月以内の日でなければなりません**．これは，基準日の制度によって，基準日において株主名簿にその氏名等が記載されていない者が真の株主であっても権利行使できないという状態が生じることになるため，それをあまり長期間にわたって認めることは適切ではないからです．

　したがって，行使できる権利が株主総会における議決権である場合，株主総会の日の前の３カ月以内の日を基準日と定めなければなりません．株主総会で議決権を行使できる株主とは，決算日（４月１日から翌年の３月31日を事業年度とする会社においては，その３月31日が決算日）現在における株主であるはずであり，ほとんどすべての株式会社が，基準日は決算日と定めています．そして会社が基準日を定めた場合，会社は，その基準日の２週間前までに，基準日とその基準日に行使できる権利の内容を公告しなければなりません．

（3）名義書換を行っていない株主の地位

　基準日において株主名簿上に株主として記載されていない者については，たとえその者が真の株主であるとしても，会社は，その者を株主として取り扱う必要はありません．**株主の側からみれば，真の株主であったとしても基準日に**

おいて**名義書換**をしていなければ，**会社**に対して**権利行使**ができないということになります．

　ところが以下の場合には，裁判所は，基準日に名義書換を行っていない株主（名義書換未了の株主）であっても，会社に対して権利を行使することができると判断しています（判例）．

> 1）会社が，名義書換未了の株主に株式が移転したと確実に認識した場合，会社の側から，その者を株主として扱い，その権利行使を認めることは差し支えないとしています．
> 2）株式を取得した者から名義書換の請求があったにもかかわらず，会社が合理的な理由がないのに，不当に名義書換を拒絶した場合には，会社は，その名義書換を請求した株式譲受人を株主として扱う必要があり，株主名簿上に株主として記載されている譲渡人を株主として扱うことはできないとしています．
> 3）適法な名義書換の請求があったにもかかわらず，会社が過失によりその名義書換を行わなかった場合にも，会社は，②と同様の対応をしなければならないとしています．

POINT
　基準日の制度：会社が一定の日を定め，その基準となる日において株主名簿に記載されている株主を，その権利を行使すべき株主とみなす制度

資金調達

71 調達方法　総論
新株の発行は大量の資金調達に適している

（1）資金調達の方法

　株式会社が継続的に事業活動を行い，利益を上げていくためには，資金が必要となります．その資金の調達方法としては，今までの事業活動で得た利益を新たな事業展開のために資金として活用する**内部資金**（利益の内部留保）と，外部から資金を調達する**外部資金**があります．

　この外部からの資金を調達する方法である外部資金は，「**自己資本**」と「**他人資本**」に分けることができます．自己資本とは，他者から入手した資金で，**後日返還義務のないもの**です．他人資本とは，他者から借り入れによって得た資金で，**後日返還義務が生じるもの**です．

　後日返還する必要のない自己資本の典型的なものとして，「**募集株式の発行**」があります．一方，後日返還の必要のある他人資本としては，「**金融機関からの借入**」や「**社債の発行**」があります．ここでは，募集株式の発行，金融機関からの借入，社債の発行の3つについて，大まかにその内容と異同をみていきます．

（2）募集株式の発行

　募集株式の発行とは，**株式会社が会社設立後，新たに株式を発行し，それを引き受けてくれる**（買ってくれる）**人を募集し**（株式引受人の募集），**その株式引受人**（会社が発行した株式を買ってくれた人）**に金銭等を払い込んでもらう**（株式の代金を支払ってもらう）**ことによって，会社の資金を調達する**というものです．なお株式引受人は，会社に資金を払い込むことによって，すなわち出資することによって，その会社の株主となります．

自己資本であるため後日返済の必要がなく、大量の資金を調達できるというメリットがあります。その一方で、課税対象となり、利益を得る見込みが低いと判断されると、その株式を引き受ける人が現れないというデメリットもあります。

(3) 金融機関からの借入

これは、会社が必要な資金を調達する方法として最も多く利用されますが、会社は、借り入れた金銭を当然のことながら利息を含めて返済する義務が生じます。したがって、(2) の募集株式の発行の場合と比べて、資金調達コストは高くつきます。また、金融機関から金銭の借入を行う場合には、担保を要求されることが多く、金融機関はその担保から回収できる範囲の金銭しか貸してくれないため、大量の資金調達はできないというのが実情です。

(4) 社債の発行

社債の発行とは、簡単にいえば、**株式会社が不特定多数の人（投資家）から広く借金をする**ことです。借入ですから、返還の必要があるという点で募集株式の発行とは異なり、金融機関からの金銭の借入と同様、会社は後日利息を付けて返還する必要があります。ただし、同じ他人資本でありながら金融機関からの借入と異なるのは、金融機関からの借入が特定の銀行等から借金をすることであるのに対し、社債の発行は、募集株式の発行と同様、不特定多数の投資家からの借金であるという点です。また不特定多数の人が対象となるため、募集株式の発行と同様、大量の資金を調達することができます。社債を引き受けてそれに見合う金銭を会社に貸す人のことを「社債権者」とよんでいます。

この3つの外部資金の調達方法の中で、重要となるのが**募集株式の発行**です。

資金調達

POINT

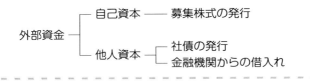

72 募集株式の発行 その1
発行方法

株主割当は，既存の株主に最も有利な募集株式の発行方法

（1）発行方法

募集株式の発行方法は，誰に新株を引き受ける権利を与えるかによって，3つに分けることができます．具体的には，**株主割当，公募，第三者割当**です．この3つの発行方法を比較検討するにあたって重要となるのが，① **既存の株主の持株比率に変化があるか**，② **既存の株主の経済的利益に影響がでるか**，という2つの視点です．

（2）株主割当

株主割当とは，**既存の株主に対して，その持株数に応じて，発行予定の株式について比例的に割り当てを受ける権利を与える**というものです．たとえば，1株について0.5株を与えるという場合です．この場合，10株を有する株主は新株の発行によって15株，100株を有する株主は新株の発行によって150株を有する株主となります．このようにすべての既存の株主が比例的に新株を引き受けることが可能になります．

したがって**新株が発行されても各株主の持株比率は変わらず，各株主の会社に対する支配権は変更ありません**．そして株主平等の原則（No. 7参照）により，各株主がその持株数に応じて引き受けることになる**新株の発行価額は均等であるため，各株主の経済的利益にも影響を及ぼすことはありません**．

既存の株主の持株比率に変化がなく，経済的利益にも影響を及ぼさないということは，既存の株主に不利益が生じることがないため，既存の株主を保護する必要はなく，それだけ手続は簡便なものとなります．

(3) 公　　　募

　公募とは，既存の株主も含めて，**不特定多数の人から株式引受人を募集する**というものです．既存の株主以外の人が新株を引き受けて株主となる可能性があり，そうなった場合，**既存の株主の持株比率に変化が生じます**（既存の株主の持株比率は少なくなります）．たとえば会社が発行している100株の株式をA, B, 2人の株主が各50株有していたとすると，それぞれの株主の持株比率は50％となります．そこに会社が新株を公募で100株発行し，それをC, Dが各50株引き受けたとすると，既存の2人の株主の持株比率は，25％に低下することになります．ただ既存の株主を含めた不特定多数の人に平等の価額で新株が発行されるため，**経済的利益に影響がでることは原則としてありません**．したがって既存の株主を保護する必要はそれほど高くないということになります．

(4) 第三者割当

　第三者割当とは，**特定の者**，たとえば取引先，業務提携先などに**新株を割り当てる方法**です．特定の者に新株を引き受けてもらう目的としては，業務提携先と資本関係を深めておくとか，敵対的買収に対する防衛策として，日ごろから有効な関係にある取引先に株主になってもらうといったことがあげられます．なお，既存の株主に新株を引き受けてもらう場合であっても，その持株数に応じて比例的に割り当てるというものでなければ，それは第三者割当となります．

　特定の第三者に発行する新株を引き受けてもらう以上，**既存の株主の持株比率に変化が生じます**（既存の株主の持株比率は少なくなります）．また，**特定の第三者に引き受けてもらう場合，新株の発行価額**（特定の第三者の引受価額）**は，第三者に有利な価額となる場合が多くみられます**．そうなると**既存の株主の経済的利益を害すること**にもなります．したがって第三者割当による募集株式の発行に関しては，既存の株主の保護を図る必要性が高く，その分，手続も株主割当や公募の場合より複雑になります．

このように既存の株主を保護するという観点を重視すると，株主割当による募集株式の発行を行うしかありません．ところが株主割当の方法に限定してしまうと，会社が有利に資金調達を行うという利益を失うおそれがあります．

POINT

募集株式の発行

要件は厳格 ↓

種類	引受人	既存の株主の持株比率	既存の株主の経済的利益
株主割当	既存の株主	変化なし	影響なし
公募	不特定多数の人	変化あり	影響なし
第三者割当	特定の第三者	変化あり	影響あり

73 募集株式の発行　その2　募集手続・申込・割当・引受・出資の履行

第三者割当は，公開会社でも株主総会特別決議が必要となる場合がある

（1）考え方

　募集株式の発行は，既存の株主の保護を図るという観点からすると，株主割当の方法に限定するしかありません．ところが株主割当の方法に限定してしまうと，会社が有利に資金調達を行うという利益を失うおそれがあります．したがって**募集株式の発行手続は，既存の株主の保護と会社の資金調達の便宜という対立する2つの利益を調整する必要があります．**そして既存の株主の保護と会社の資金調達の便宜をどのようにして調整するかは，会社の規模や公開性に応じて異なることになります．

（2）3つの募集株式の発行手続に共通するプロセス

　募集株式の発行手続は，大まかにいうと，**募集事項の決定⇒募集株式の申込・割当・引受⇒出資の履行**（株式引受人による払込）という流れで行われます．すなわち，会社が募集事項を決定（3つの発行手続のどの方法を採るのか，新株は何株発行するのか，発行価額はいくらにするのか等）し，その会社が決定した募集事項を前提として株式の申し込みがなされ，それに対して会社が新株を引き受けてもらう人を割り当てることによって，株式引受人が確定します．その株式引受人が引き受けた株式の価額（代金）を会社に払い込む（出資する）ことによって，募集株式の発行手続が終了します．

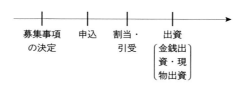

（3）募集事項の決定

① 決定機関

募集事項の決定機関は，公開会社と非公開会社で異なります．

非公開会社においては，株主割当・公募・第三者割当のいずれの場合でも，**株主総会特別決議によらなければならないのが原則**です．ただし**株主総会特別決議**によって，**募集事項の決定を取締役会**（取締役会非設置会社の場合は取締役）に委任することができます．また，定款で定めてあれば，**株主割当による募集株式の発行に関しては，取締役会で決定する**ことができます．

公開会社においては，株主割当・公募・第三者割当のいずれの場合でも，**取締役会の決議によるのが原則**です．公開会社の場合，大規模な会社が多く，それだけ資金調達の便宜の要請は強くなります．したがって機動的でタイムリーな資金調達を行うべく，株主総会と比べて迅速な意思決定が可能となる取締役会で決議できるとされています．すなわち公開会社においては，既存の株主の保護よりも，会社の資金調達の便宜が優先されているといえます．

ただし，**公開会社においても第三者割当の場合は，その払込金額が「特に有利な金額」であるときは，株主総会特別決議が必要**となります．これは既存の株主を保護するためです．なお，どの程度の金額が「特に有利な金額」となるのかということに関しては，客観的・明確な基準はありません．裁判所は，時価を基準としてそれを10％超下回る額が「特に有利な金額」と判断しています（判例）．時価を10％超下回る価額で会社が募集株式を発行すれば，既存の株主は，株価が下落して経済的利益を害されるおそれがあります．ところが会社の資金調達の必要性から，このような募集株式を発行しなければならない場面もでてきます．そこでそのような募集株式の発行を認めるかどうかを既存の株主に判断させるために，株主総会特別決議によらなければならないとされている

のです.

② 募集事項

募集株式の発行にあたっては，募集する株式の数，その払込金額，払込期日，その募集株式の発行によって増加する資本金の額，現物による出資を認める場合にはその内容等を，その都度，決定しなければなりません.

募集事項が決定されると，次に募集株式の申込・割当・引受の手続に移行します.

（4）募集株式の申込・割当・引受

① 申込

会社は，募集株式の申込をしようとする者に対して，その会社の商号・募集事項・金銭による払込の場合の払込取扱場所等を通知します.

これに応じて申込をする者（以下，「申込人」）は，その氏名（法人の場合は名称），住所，引き受けようとする募集株式の数を記載した書面を，募集株式を発行する会社に対して交付しなければなりません.

なお**株主割当の場合は，申込期日までに既存の株主が申込をしないときは，その株主は，会社が募集したその株式の株主になる権利を失う**（失権する）ことになります.

② 割当と引受

新株を引き受けたいとの申込があると，会社は，その申込人の中の誰に何株引き受けてもらうかを決めなければなりません．これが**「募集株式の割当」**です．この場合，会社は，誰に割り当てるかを自由に定めることができます．また申込人が申し出た数よりも少ない株式数を割り当てることもできます．これを**「割当自由の原則」**といいます．申込人は，割当を受けた株式の数について，株式引受人となります.

（5）出資の履行

① 出資の方法

募集株式の引受人の出資の方法としては，金銭による出資のほかに現物出資も認められています．金銭出資の場合，払込期日または払込期間内に，会社が定めた銀行等の払込取扱場所において，払込金額の全額を払い込まなければなりません．現物出資の場合は，払込期日または払込期間内に，募集株式の払込金額の全額に相当する財産を給付しなければなりません．

いずれの場合においても，**出資（払込または給付）をしなかった場合**は，その**募集株式の株主になる権利を失う**（失権する）ことになります．

なお，**公開会社**においては，**払込期日または払込期間の初日の2週間前までに，募集株式の引受人に対して，募集事項を通知または公告しなければなりません**．公開会社においては，原則として取締役会決議のみによって募集株式の発行が認められ，株主は，募集事項の決定に関してはカヤの外におかれることになります．そうなると取締役会の独断の決定によって，既存の株主が不利益を受ける場合もでてきます．そこで既存の株主に対して，募集事項の内容を周知させるとともに，その新株の発行が法令や定款に違反していたり，著しく不公正な方法によって行われた場合は，その募集株式の発行をやめるように請求できる権利，すなわち「新株発行の差止」の機会を保障するためです．なお，新株発行の差止に関しては，もちろん非公開会社の株主も行使できます．

② 株主となる時期

募集株式の引受人は，払込期日を定めた場合にはその特定の期日において，または払込期間を定めた場合には，その期間内において出資の履行をした日に，**募集株式の株主**となります．

③ 引受や払込があった株式が発行予定の株式数に達しない場合

なお，募集株式の全部について，引受・払込がなかったとしても，引受や払込があった募集株式だけが有効に発行されることになります．したがって引受

や払込のあった株式が，当初発行を予定していた株式数に達しない場合でも，会社は別途新たに募集をかける必要はありません．

POINT

募集事項の決定機関

会社の種類	決定機関
非公開会社	株主割当・公募・第三者割当全ての発行手続について株主総会特別決議の承認が必要． ただし，株主総会特別決議で取締役会で決議できると定めれば，取締役会で決議できる． また，株主割当に関しては，定款で定めれば取締役会で決議できる．
公開会社	株主割当・公募・第三者割当全ての発行手続について取締役会で決議できる． ただし第三者割当において「特に有利な価額」で発行する場合，株主総会特別決議が必要

申込み〜出資

申込	会社は，申込者に対し，一定の事項を通知しなければならない 申込者は，一定の事項を記載した書面を会社に交付しなければならない 株主割当ての場合，期日までに株主が申し込まないときは，当然失権する
割当・引受	割当自由の原則により割り当てる 割り当てる募集株式数は，申込者に通知しなければならない 割当数に応じて，申込者は引受人となる
出資	引受人は，払込期日またはその期間内に，会社が定めた払込取扱場所に，全額を払い込まなければならない 出資を履行しなかった引受人は，当然に失権する 出資の履行をした日に株主となる

74 新株予約権
新株予約権は敵対的買収への対抗手段としても活用される

(1) 新株予約権とは

新株予約権とは，株式会社から株式の交付を受けることができる権利です．すなわち，株式会社が発行した新株予約権を取得した権利者は，あらかじめ定められた所定の期間内に，所定の金銭を払い込むことによって，その株式会社から一定数の株式の交付を受けることができます．この新株予約権も，募集株式の発行と同様に，会社の資金調達の手段とされています．

(2) 資金調達以外の活用方法

新株予約権は，会社が資金調達の手段として利用できます．ところが，会社が資金を調達するためには，募集株式の発行という手段があります．にもかかわらずわざわざ新株予約権の発行という回り道をする必要があるでしょうか．新株予約権には，会社の資金調達以外の使い道があります．具体的には，その会社の取締役や従業員等に対する「ストックオプション」として活用することができます．また，新株予約権を社債に付して発行する（新株予約権付社債）という使い道もあります（No. 75参照）．さらには，**敵対的買収に対する会社の防衛手段**としても利用できます．

ここでは，①ストックオプション，②敵対的買収への対抗について説明します．

① ストックオプション

ストックオプションとは，会社の取締役や従業員に対し，無償あるいは安価で新株予約権を発行し，それを取得した従業員等が，その後株価が上昇した時

に，当初の新株予約権の取得価額を会社に払い込むことによって，高い価格となった株式を取得できるというものです．たとえば，1株1000円で株式の交付を受ける権利，すなわち新株予約権を取得した場合，会社の株価が1500円に値上がりした時点で権利を行使して，1株1000円で株式を取得できます．そしてその株式を1500円で売却すれば，1株当たり500円の利益を得ることができます．このようにストックオプションは，会社の業績が上がれば上がるほど，権利を行使した時に得られる利益も大きくなります．そうなるとそれが従業員等の業務に対する意欲向上につながります．これによって取締役や従業員の会社に対するモチベーションの向上を図る制度がストックオプションです．

② **敵対的買収への対抗**

新株予約権を使った敵対的買収への対抗策は「**ポイズンピル**」，いわゆる「**毒薬条項**」とよばれています．なぜ「毒薬条項」という刺激的な言葉が使われているのか，それは次のような理由からです．

たとえば，X社の買収をY社が目論んでいたとします．X社は1000株を発行しており，Y社はすでにX社の株式の内，300株を市場で取得していたとします（持株比率は30％）．会社を買収するにあたっての最初のステップは，買収したい会社の株式を33.4％取得することです．なぜなら33.4％その会社の株式を取得しておれば，その会社における株主総会特別決議を否決できるからです．特別決議が認められるための要件は議決権3分の2以上，すなわち66.7％です．したがってX社の33.4％の株式を取得していれば，X社の思い通りには特別決議は進められなくなります．そこでY社は，残り3.4％を取得すべく動いていたとします．一方，X社は友好的なZ社に株式500株に相当する新株予約権を交付していたとします．そしてY社がX社の敵対的買収活動を行っている時に，Z社に新株予約権を行使させたとします．そうなるとX社の発行株式数は1500株となり，Y社の持株比率は一気に20％に低下してしまいます．

このようにあらかじめ新株予約権という毒を仕込んでおいて，自分（X社）が絶体絶命のピンチに陥った時に，その毒を使って敵（Y社）を撃退する，そういった方法としても活用することができます．だからこそ新株予約権は，ポイズンピル，毒薬条項と呼ばれているのです．

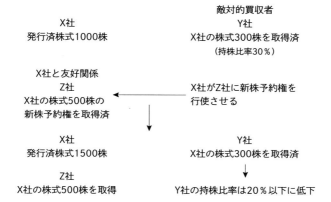

POINT

新株予約権の活用

- ・資金調達
- ・ストックオプション
- ・会社防衛策(敵対的買収への対抗〜ポイズンピル〜)
- ・新株予約権付社債

75 社　　債
社債権者は会社の債権者であり，株主のような共益権はない

（1）社債とは

　社債の発行とは，簡単にいうと，**会社が発行したものを一般公衆が引き受け，それに見合った金銭を会社に払い込み，会社は一定期間経過後に，一般公衆にその金銭を償還する**というものです．不特定多数の一般公衆から広く資金を調達するという点では募集株式の発行と同様です．募集株式の発行と決定的に違うのは，募集株式の発行は，会社に払い込まれた金銭を会社は返還する必要がない自己資本であるのに対し，社債の発行の場合は，払い込んでくれた一般公衆に対してその金銭を再び返還しなければならないという他人資本であるということです．

　すなわち**社債とは会社にとっては債務**です．そしてこの**社債を引き受けた者を社債権者**といいます．社債権者は，社債を発行した会社に対して，払い込んだ金銭の返還請求権を有することになります．

（2）株主と社債権者の具体的な違い

　株式とは，株式会社の社員としての地位であり，その地位を有する人が株主です．そして株主は会社の所有者です．それに対して**社債とは，会社に対する債権**であり，**社債権者は会社の債権者**ということになります．この会社の所有者か，会社の債権者かという違いから，株主と社債権者には様々な具体的な差異がでてきます．

① 社債権者は共益権を有しない

　株主は会社の所有者であるため，会社から剰余金の配当を受けるといった経

済的利益を受ける権利である自益権と，株主総会における議決権や監督是正権といった共益権を有することになります (No. 59, 60参照).

ところが社債権者は会社に対する債権者であるため，会社に対して利息を含めて貸した金銭を返せという会社に対して経済的利益を要求できる自益権は有していますが，会社内部の経営に参画する権利である共益権は認められていません．

② 残余財産分配請求権は社債権者が優先する

会社の解散における残余財産分配請求権に関しては，社債権者は債権者であるため，他の一般債権者と同様に，株主に優先して弁済を受けることができます．

③ 社債権者は会社に剰余金がなくても自益権を有する

株主が剰余金の配当を受けることができるのは，まず会社に分配可能な利益が発生していて，しかも株主総会決議において剰余金の配当が認められた場合に，初めてその配当を受けることができます．ところが社債権者は，会社に剰余金があるかどうかに関係なく，あらかじめ定められた額の利息の支払いを受けることができます．

（3）新株予約権付社債

新株予約権付社債とは，新株予約権を付した社債のうち，新株予約権と社債を分離して，いずれか一方を譲渡することができないものです．新株予約権付社債は，公開会社・非公開会社を問わず，発行することができます．

新株予約権付社債は，会社の業績が悪く剰余金の配当に期待がもてないときは，社債権者として定期的に安定した利息の支払いを受けることができます．逆に会社の業績が好転して株価が上昇したり，剰余金の配当の増加が期待できるようになれば，新株予約権を行使して株主となることができ，それによって大きな経済的利益を受けることができます．

POINT

株式との異同

	共通点	相違点
株式	不特定多数の人に引き受けてもらう →大量の資金調達に向く	自己資本：払い込まれた金銭につき，会社に返還義務なし
社債		他人資本：会社は利息を付けて返還する義務あり

株主と社債権者の違い

	地位	権利
株主	会社の所有者	・自益権（会社から経済的利益を受ける権利） 　例：剰余金配当請求権 ・共益金（会社の経営の参加する権利） 　議決権，監督是正権
社債権者	会社の債権者	自益権（利息配当請求権等）はあるが，共益権はない

企業（事業）再編

76 企業(事業)再編　総論
再編行為は株主と債権者保護の手続が重要

(1) 意　義

　会社が他の会社と結合したり，事業部門を分割したり，事業を統合・縮小・整理すること，すなわち事業・組織を再構築することを「企業（事業）再編」とよんでいます．実務的には，会社買収とよばれたり，「M&A（合併と買収）」という用語が使われたりしています．

　企業（事業）再編の手法としては，**合併・会社分割・株式交換・株式移転・事業譲渡**等があります．ここ十数年の間に，企業（事業）再編手法は拡大・多様化し，ダイナミックな企業（事業）再編が可能となりました．その背景にあるのが経済のグローバル化等による世界的規模での企業間競争の激化です．

　各企業は，競争に打ち勝つためには売上高拡大主義を捨てて，利益重視の経営を行っていかなければなりません．利益重視の経営を行うためには，自社の優良事業部門をより強化して，不採算の事業部門は他に譲渡したり，縮小・整理を余儀なくされます．この自社内の事業部門の再構築，すなわち事業再編を効率的・効果的に行うにあたって，様々な再編手法が必要となってきます．また，企業が競争に打ち勝つためには，企業単独ではなく，グループ全体として立ち向かっていかなければなりません．その論理的帰結として「連結経営」が時代の潮流となりました．すなわち企業は，企業単独ではなくグループとしての格付けで優劣を争うようになったのです．そうなるとグループ内の優良企業は他の企業と結合・統合してより競争力を強化するとともに，不採算のグループ企業は統合・縮小・整理という選択肢を採らざるをえなくなります．このようにグループ企業の再構築という観点からも，様々な企業再編手法が要求されるようになりました．

　こういった実務界のニーズを背景にして，旧商法時代から数次の改正によっ

て新たな企業（事業）再編手法が用意され，それが会社法へと受け継がれています．なお，会社法においては，会社の種類の変更である「組織変更」と企業（事業）再編行為である「合併・会社分割・株式交換及び移転」がまとめて規定されています．また「事業譲渡」は，「合併・会社分割・株式交換及び株式移転」とは法律上の意味合いが異なるものとして，別個に定められています．本書においては，企業（事業）再編行為として，「合併・会社分割・株式交換及び株式移転・事業譲渡」について，相違点を比較しながらみていきます．

（2）各再編手法の内容と手続を理解する上でのポイント

企業（事業）再編行為は，対象となる会社の株主や債権者に重大な影響を及ぼすことになります．そこで**株主や債権者保護のための手続**がもうけられています．

① 株主保護のための手続

1）企業（事業）再編行為にかかる契約や計画については，**株主総会の承認**を得なければ効力が生じません．
2）企業（事業）再編行為に反対の株主には，会社に対して「私はもう株主でいたくないので，私のもっている株を買い取れ」という**「株式買取請求権」**が認められています．

② 債権者保護のための手続

合併や会社分割に異議があれば，それを述べることのできる手続，いわゆる**「債権者異議手続」**が認められています．債権者が異議を述べた場合，会社はその債権者に対して，債務の弁済等の手続を採らなければなりません．

POINT
・企業（事業）再編行為：合併，会社分割，株式交換，株式移転，事業譲渡等
・各再編手法を理解する上でのポイント
　　① 株主保護のための手続
　　② 債権者保護のための手続

77 合併
吸収合併は，契約で定めた日に効力が生じる

（1）意　　義

　合併とは一口でいうと，2つ以上の会社が1つになることです．正確には，2つ以上の会社間の契約により，一方の会社が解散・消滅して，その財産が合併後存続する会社，あるいは合併により設立される会社に包括的に承継される制度ということになります．包括的とは，合併後存続する会社あるいは合併により設立される会社は，解散・消滅する会社の権利義務の一切を継承するということです．したがって解散・消滅する会社の負債は引き継がない，従業員は引き受けないといった選り好みはできません．

　合併は，経営の合理化，多角化，販売力の強化，資金調達力の増大等による企業の競争力強化のために行われますが，それ以外にも，市場占拠率の拡大や競争回避のためといったように，様々な目的で活用されています．

（2）種　　類

　合併には，**吸収合併**と**新設合併**の2種類があります．たとえばX株式会社がY株式会社を吸収して，Y社が解散・消滅するのが吸収合併，X社もY社も解散・消滅して，Z社という新会社が設立され，そこにX社Y社の財産が承継されるのが新設合併です．実務的には，ほとんどが吸収合併であるため，ここでは吸収合併の手続についてみていきます．

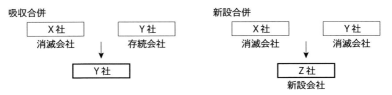

（3）吸収合併の手続の流れ

　吸収合併は，吸収する会社（存続会社）と吸収される会社（消滅会社）間の合併契約の締結から始まり，合併後，存続会社が合併の内容に関する一定の事項を記載した書面を作成して，株主および会社債権者に開示（備置・閲覧）することによって手続は終了します．なお，合併契約等の備置・閲覧，合併承認決議，債権者保護手続は，存続会社・消滅会社双方で必要になります．この中で重要となるのが，**合併承認決議**と**債権者保護手続**です．

① 合併承認決議

　合併に関して重大な利害関係をもつ株主を保護するために，合併承認決議が要求されています．これは**原則**として，**株主総会特別決議**が必要です．そして**合併に反対の株主**には，**株式買取請求権**が認められています．

② 債権者保護手続

　合併の対象となる会社である存続会社も消滅会社も，それぞれ会社債権者に対して，「今回の**合併に異議**がある場合には，1カ月以内に申し出て下さい」ということを官報に公告するとともに，**知れている債権者**に対しては，**各別**にこれを催告しなければなりません．

　期間内に異議を述べなかった債権者は，合併を承認したものとみなされます．**債権者が異議を述べたときは**，会社はその債権者に対して，**債務を弁済**するか，**担保を提供**するか，**信託会社に相当な財産を信託**しなければなりません．

（4）合併の効力の発生

　吸収合併においては，合併契約で定めた日に効力が生じます．すなわち，吸

収合併における存続会社は，合併契約で定めた日に，消滅会社の一切の権利と義務を包括的に承継することになります．

POINT
　株主保護のための手続
　　・株主総会特別決議における合併承認決議が必要
　　・合併に反対した株主には「株式買取請求権」が認められる
　債権者保護のための手続
　　異議を述べた債権者に対し，弁済等の手続を行う．

78 会社分割
会社分割は合併と同様，包括承継

(1) 意　義

　会社分割とは，一言でいうと1つの会社を2つ以上の会社に分けることです．合併とは逆方向の手続です．会社分割は，競争力強化の一環として，多角的に事業を行っている会社が不採算事業を切り離して経営効率を高めたり，ある事業部門を切り離して，他の会社と合弁会社を作るといった目的で行われます

(2) 種　類

　会社分割も合併に対応して，**吸収分割**と**新設分割**の2種類があります．吸収分割とは，分割する会社（分割会社）が，その事業に関して有する権利義務の全部または一部を，すでに存在している他の会社（承継会社）に引き継がせることです．新設分割とは，分割会社が，その事業に関して有する権利義務の全部または一部を，新たに設立される会社（新設会社）に引き継がせることです．会社分割も合併と同様，吸収分割がなされるケースが多いため，ここでは吸収分割の手続についてみていきます．

(3) 吸収分割の手続

　吸収合併とほぼ同様の手続であり，分割会社・承継会社双方において，株主を保護するために**株主総会特別決議の承認**が必要であり，会社分割に反対する**株主**に対しては，**株式買取請求権**が認められています．また会社は，債権者を保護するために，**債権者が会社分割に異議を申し述べる手続**をとる必要があります．

（4）会社分割の効力の発生

吸収合併と同様に，原則として**分割契約で定めた日**に効力が生じます．

（5）合併との異同

① 共通点

合併と会社分割は，**ある会社の権利義務を他の会社が包括的に引き受ける**という点で**共通**しています．

吸収合併の場合，存続会社は，消滅会社の権利義務の一切を包括的に承継することになります．消滅会社の権利だけではなく，負債等の義務も全て引き継ぐことになります．

吸収分割の場合，承継会社は，対象となる分割会社の事業部門の一切を包括的に承継することになります．承継する事業部門の権利だけではなく，義務も引き継ぐことになります．

このように合併と会社分割は，存続会社（吸収合併の場合）や承継会社（吸収分割の場合）が，消滅会社や分割会社の権利と義務を包括的に承継するため，「**包括承継**」とよばれています．**包括承継の場合，財産を移転するにあたって個別の移転手続は必要ありません．**具体的には，存続会社や承継会社が，消滅会社や分割会社の不動産や動産，あるいは債権債務を引き継ぐにあたって，個別に対抗要件を備えなければ第三者に対抗（権利を主張）できないというわけではありません．たとえば承継会社は，承継する財産の中に不動産が含まれていた場合，その不動産についての移転登記を取得しなくても，第三者に対して，「わが社（承継会社）がその不動産の所有者だ」と主張（対抗）できます．ちなみに**事業譲渡の場合は，譲受人は取得した財産についてそれを第三者に対抗**（自分が権利者であると主張）**するためには，取得した財産について個別に対抗要件を取得しなければなりません**（No. 80 参照）．

② 相違点

合併の場合，当事会社の一方（吸収合併の場合）あるいは双方（新設合併の場合）が消滅します．ところが**会社分割の場合は，当事者会社の双方が分割後も存続します．**

POINT

会社分割
- 吸収分割
   株式会社・合同会社が，その事業に関して有する権利義務の全部または一部を，分割後，他の既存の会社に承継させること
- 新設分割
   株式会社・合同会社が，その事業に関して有する権利義務の全部または一部を，分割により設立する会社に承継させること

---

79 株式交換・株式移転
株式交換・株式移転は，持株会社の創設を容易にするためのもの

(1) 意　義

　株式交換及び株式移転は，ともに一方の会社が，他方の株式会社の発行済株式のすべてを有する完全親子会社関係を簡易・円滑に創設するための制度です．いわゆる「持株会社」の創設を容易にするために導入された制度です．持株会社とは，他の会社の株式を保有することによって，その会社を支配することを目的とした会社です．すなわち，グレープ内の多数の企業を統括し支配することが持株会社の業務となります．要するに，「○○ホールディングス」といった名称をもつ会社です．

(2) 株 式 交 換

　株式交換は，既存の株式会社が，他の既存の株式会社の完全子会社になることにより，完全親子会社関係を創設することを目的とした制度です．たとえばX株式会社が発行済のすべての株式をY株式会社に引き継がせることによって，X社はY社の完全子会社となります．この場合，Y社の完全子会社となったX社の株主には，Y社の株式を与えることになります．これによってX社の株主はY社だけとなり，Y社が完全親会社，X社が完全子会社という完全親子会社関係が創設されます．

POINT

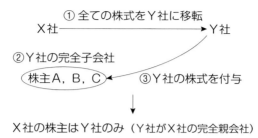

（3）株式移転

　株式移転は，既存の株式会社が，発行済株式のすべてを，新たに設立する株式会社に取得させ，新たに設立される会社の完全子会社になることにより，完全親子会社関係を創設することを目的とした制度です．たとえばX社のすべての株式を，新たに設立するY株式会社に移転し，X社の株主には，新会社Y社の株式を与えることになります．これによってX社の株主は新会社Y社だけとなり，Y社が完全親会社，X社が完全子会社という完全親子会社関係が創設されます．

POINT

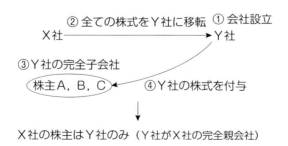

（4）手続

　株式交換および株式移転いずれの場合も，株主の利益に重大な影響を与えることになるため，原則として**株主総会特別決議**による承認を必要とします．また，**株式交換，株式移転に反対の株主**には，**株式買取請求権**が認められています．この点は，合併・会社分割と同様です．
　ところが株式交換・株式移転に関しては，**債権者保護手続は原則として要求されていません**．なぜなら，株式交換や株式移転に関しては，合併や会社分割の場合と異なり，会社財産に変動はないからです．

（5）効力の発生

① 株式交換
株式交換契約で定めた日に効力が生じます．

② 株式移転
完全親会社の成立した日，すなわち**新設会社の設立登記の日**に効力が生じます．

POINT
　株式交換
　　・株式会社がその発行済株式の全部を，他の株式会社または合同会社に取得させること
　株式移転
　　・株式会社がその発行済株式の全部を，新たに設立する株式会社に取得させること

---

80 事業譲渡
合併は包括承継，事業譲渡は特定承継

（1）意　　義

　事業譲渡とは，「一定の事業目的のために組織化された有機的一体として機能する財産を，譲渡会社から譲受会社にそのまま移転する契約」とされています．単なる土地や建物といった不動産や，機械・設備といった動産を個々に譲渡する「資産譲渡」とは異なり，譲渡会社が有している営業上の秘訣（ノウハウ），得意先関係，調達先関係，経営組織といった**独自の財産的価値を有する事実関係**，いわゆる「暖簾」を含めた財産を譲渡する契約であるとされています．

　たとえば〇〇の製造業を営んでいるＸ株式会社が，Ｙ株式会社にその製造工場一式を売り渡すといった場合です．売り渡す対象としては，製造工場と〇〇を製造するために必要な機械・設備，〇〇製造のために必要なノウハウ，〇〇を製造するのに必要な構成部品を供給している調達先，さらには工場で作業する従業員等です．

　合併や会社分割と同様に，企業（事業）再編の手法として活用されるとともに，譲渡会社が経営危機に陥った場合に事業を縮小するために用いられたり，譲渡会社が倒産に陥った後の倒産処理手続，すなわち整理手続の中でも事業譲渡は活用されます．

（2）通常の売買契約との違い

　事業譲渡契約も，広い意味では売買契約の一種です．したがって譲渡会社は，譲受会社に対して事業譲渡の対象となる財産を移転する義務があります．そしてその**財産移転義務**の中には，**譲渡した財産である不動産や動産あるいは債権**

債務について，譲受会社に対抗要件（不動産は登記，動産は引渡等）を取得させる義務も含まれています．

一方，事業譲渡契約の譲渡会社には，通常の売買契約の売主には課されていない義務もあります．それは「**競業避止義務**」です．譲渡会社は，譲受会社に譲渡した事業に関しては，**同一の市町村及び隣接する市町村の区域内**においては，今まで行っていたものと同一の事業を原則として**20年間**行うことはできなくなります．事業譲渡とは単なる資産譲渡ではなく，**暖簾も含めた有機的一体として機能する財産の譲渡**であるため，それらを譲受会社に引き継ぎ，伝授していかなければなりません．にもかかわらず事業譲渡後も譲渡会社が，従来と同一の事業を行っていたのでは，それは譲受会社の事業を妨害することになるからです．

（3）必要な規制

① 譲渡会社の場合

譲渡会社は，事業の全部の譲渡および事業の重要な一部の譲渡（総資産額の5分の1を超える事業の譲渡）を行う場合には，原則として**株主総会特別決議の承認**を得なければなりません．事業譲渡は会社および株主に重大な影響を及ぼす取引行為だからです．そして**事業譲渡に反対の株主**には，その会社に対して**株式買取請求権**が認められています．

② 譲受会社の場合

譲受会社に関しては，譲渡会社からその**事業の全部を譲り受ける場合**に限って，**株主総会特別決議の承認**を受けなければなりません．それに反対の株主には，株式買取請求権が認められています．

（4）合併・会社分割との違い

合併・会社分割はともに「包括承継」です．たとえば吸収合併の場合，存続会社は消滅会社の権利義務の一切を包括的に承継します．負債は引き受けない

とか，従業員は引き受けないといった選り好みはできません．したがって財産を移転するにあたって個別の移転手続は必要ありません．すなわち存続会社は，承継する財産について個別に対抗要件を取得しなくても，第三者に自分が権利者であると主張（対抗）できます．

　それに対して**事業譲渡の場合は**，広い意味では売買契約の一種であるため「**特定承継**」とよばれています．そのため**譲受会社が譲り受ける対象となる財産は，譲渡会社と譲受会社の合意によって決定することができます**．したがって譲受会社は譲渡会社の負債は引き継がない，従業員は引き受けないといったことも可能となります．そして譲受会社は，譲渡を受けた財産について個別に対抗要件を取得しなければ，第三者に対して対抗できないということになります．

　また合併の場合，当事者の一方または双方が解散し消滅することになりますが，**事業譲渡の場合，譲渡会社は事業の全部を譲渡した場合でも，当然には消滅しません**．

POINT
　事業譲渡
　　・一定の事業目的のために組織化された有機的一体として機能する財産の譲渡であって，譲受会社が事業活動を承継し，譲渡会社が競業避止義務を負担する契約
　　・株主総会の特別決議の承認と反対株主の株式買取請求権

《著者紹介》

河 合 正 二（かわい　しょうじ）

　　1982年4月　日本電装株式会社（現「株式会社デンソー」）入社
　　2010年4月　金沢星稜大学経済学部教授
　　現　　在　　金沢星稜大学経済学部教授

《主要業績》

〔著書〕
『取引基本契約書の有利な交わし方』〈単著〉（かんき出版，2006年）
『トラブル予防・回避・対処のための新版「ビジネス契約」実務大全』
〈共著〉（社団法人企業研究会，2007年）
『グループ経営の法的研究』〈単著〉（法律文化社，2012年）

〔論文〕
「得意先の『危険度合い』に応じた債権回収の進め方」旬刊経理情報 No. 1207
　　（中央経済社，2009年）
「調達先倒産時の法務実務対応(1)～(7)」NBL910～916号
（商事法務，2009年）
「会社法改正と判例にみる親会社取締役の子会社監督責任」金沢星稜大学論集第
　　49巻第2号（2016年）
その他多数

基礎から学ぶ会社法
――80のステップで学ぶ会社のしくみ――

| 2016年10月20日　初版第1刷発行 | ＊定価はカバーに表示してあります |

著者の了解により検印省略	著　者	河合正二 ©
	発行者	川東義武
	印刷者	江戸孝典

発行所　株式会社　晃洋書房
〒615-0026　京都市右京区西院北矢掛町7番地
電話　075 (312) 0788番㈹
振替口座　01040-6-32280

ISBN978-4-7710-2787-9
印刷　㈱エーシーティー
製本　藤原製本㈱

JCOPY 〈(社)出版者著作権管理機構　委託出版物〉

本書の無断複写は著作権法上での例外を除き禁じられています．
複写される場合は，そのつど事前に，(社)出版者著作権管理機構
（電話 03-3513-6969, FAX 03-3513-6979, e-mail: info@jcopy.or.jp）
の許諾を得てください．